つくられた「少女」

「懲罰」としての病と死

Shuko Watanabe
渡部周子 著

日本評論社

つくられた「少女」◉目次

つくられた「少女」——「懲罰」としての病と死

［凡例］

・年号は西暦で表記し、明治・大正・昭和戦前期については元号を併記した。
・本文は原則として常用漢字および現代仮名を用いた。ただし、固有名詞については、その限りではない。
・本文中の参照および引用文献は、割注扱いで（　）内に著者名、出版年、該当頁の順で記した。
・引用に際して、旧字体の漢字、変体仮名および異体字などは、原則として新字体・常用字体に改めた。ただし、固有名詞についてはその限りでない。仮名遣い、送り仮名、括弧は、明らかな誤り以外は原文表記を基本とした。振り仮名、強調記号については原文に従わず、適宜省略した。判読不明文字は■と表記した。
・引用文中の傍線は特記なき場合、引用者によるものである。
・引用文中、著者による補足は（引用者注）と付して、（　）内に記した。
・現代の価値観において不適切な表現とみなされるものについても、原文資料のままの表記とした。

第一章　つくられた「少女」

第一節　「規範」と「逸脱」

「少女」はどのようにしてつくられたのか考えることを通して、近代国家形成期の日本におけるジェンダー規範を明らかにするのが本書の意図するところである。なぜ、「少女」に着目するのか。それは人間形成、心性形成の途上にあるこの時期を分析することで、ジェンダー役割の固定化のプロセスが浮かび上がると捉えるからである。

では、「少女」とは何者なのか。「少女」は、女子中等教育の制度化によって出現した、就学期にあって、出産可能な身体を持ちつつも、結婚まで猶予された「生殖待機期間」にあたる者である。「少女」に与えられたジェンダー規範の解明が、前著『〈少女〉像の誕生』（二〇〇七年）の試みであった。本書では、「逸脱」者に対する「懲罰」の表象[1]をも、明らかにする。

特定の社会的現実として存在している事柄ではなく、想像されたものや象徴的なものを、人為的な方法によって表すことを、表象行為または表象という。言語による表現、視覚的な表現、その双方が表象である。想像されたものや象徴されたものは、この社会の人々の心を動かしたり、構造を維持したり、あるいは変化させたりする（若桑 2000a：29-30）。教育的言説、科学的言説、文化的事象等、社会の様々な場所で、表象としての「規範」と「逸脱」は展開している。

「愛情」に満ち、容貌は「美的」で、心身において「純潔」であることが、「生殖待機期間」における「規範」として与えられ、それはたとえば、白百合の花を携えた「少女」像として象徴的に表現されるということを前著で明らかにした（図1）。これらのジェンダー規範によって創造しようとしたのは、完全なる「愛の客体」という、主体性を喪失した「（異性愛）男性の相補者」という存在であった。そして、それは無垢な姿の「少女」像として表されたのであり、このことが「規範」の持つ統合作用を認識しがたいものとした。

「規範」の作用を高めるものが「懲罰」である。「規範」と「逸脱」は、表裏一体の存在である。というのも、「逸脱」者は社会的脅威であるものの、しかし与えられる「懲罰」の凄惨さによって、「規範」の正当性が一層強固となるからである。[2]「懲罰」は暴力や拘束等の物理的な作用によるものとは限らない。本書が注目するのは、表象としての「懲罰」であり、「逸脱」者としての「病者」である。なお、「規範」像のみが美的な造形を与えられただけではない。凄惨な状況にあるはずの「逸脱」者も必ずしも醜いわけではなく、異性愛男性の抱く性的幻想と合致する美的な造形を、時に与えられた。

では、「逸脱」行動とはどのような行為を指すのか。それは、良妻賢母の枠に当てはまらない振る舞いである。すなわち、母となるという将来像を逸脱する可能性のある者に対して、病と死という表象が与えられたのである。

図1　杉浦非水『少女世界』表紙（4(10) 博文館 1909）

本書は、「規範」像、そして「逸脱」者とは何かを明らかにし、さらに「逸脱」行為に対する「懲罰」とは何か考察することとする。この目的を達成するために、「生殖待機期間」の最中にある身体および精神を医科学がどのように定義したのか明らかにし、そこから「規範」と「逸脱」を浮かび上がらせるという方法を取る。具体的には、「女子の心身」の健全な発達のためには、「生殖待機期間」を確保することが必要不可欠だと捉える進化論に基づく学説と、女子教育に対するその影響を辿ることとする。

第二節　先行研究と問題の所在

近代国家の帝国主義的意図は、健全で頑強な人間をより多く再生産することによって、兵力および労働力を増強し国力を強大化することであった。男子は兵士あるいは労働者となることで国家に直接的に貢献し、一方、女子は子どもを産み育て、労働に疲れた夫の疲労を回復させる良妻賢母となることによって、間接的に国家に貢献することを求められた（深谷［1966］1998、小山 1991）。

近代日本では中等教育以上の教育機関は、男女別学、男女別カリキュラムを基本とした。高等女学校は、良妻賢母の育成を目的としており、一二歳以上の女子がおおよそ四年ないし五年間学んだ[3]。高等女学校は中産階級以上の子女を教育対象と想定しており、明治期における進学率は一割にも満たない状況であったものの（文部省 1971 : 20）、国家の主導によって制度化されていき、一八九九（明治三二）年に公布された高等女学校令は、一九〇三（明治三六）年七月までに道府県に少なくとも一校以上の設置を定めた（高等女学校研究会編 1990：22）。ただし、女子の知的可能性を開発しすぎると、自立し、公的な世界に進出する危険性が生じることから「妻、母となるため」という目的のもと、女子には最低限の知識を与えるにとどめる方針を打ち出した（若桑 2001：68）。

それにしても、そこに学ぶべき年齢を、一〇代の間の四、五年の間としたのはなぜなのだろうか。本書は、この問題を解明するために、明治期の女子教育の制度化に際する西洋科学思想の影響に注目することにする。当時目覚ましい発展をみせた近代医科学は、進化論に依拠することで、初潮を迎えてもすぐに子どもを産むべきではなく、母体となるまでの猶予された期間が、「女子の心身」の健全な発達のために不可欠だと捉えた。また、女子も教育を受けるべきではあるものの、妻そして母となるという目的に合致するか否かに照らし合わせて、これよりも教育の程度が低すぎても高すぎても、心身を病む要因になると医師たちはみなした。この病に関する言説は、「良妻賢母」というジェンダー規範の正当性を、補強するものであったといえよう。

近代医科学は、「女子の心身」をどのように捉えたのか、またそれは近代国家における模範的国民像と相関性があるのか、この問題を考えるうえで、ジェンダー秩序編成に及ぼした医科学の影響に関する、先行研究を概観することにしたい。

西洋においては、シンシア・イーグル・ラセット『女性を捏造した男たち』（一九八九年）や、エレイン・ショーウオーター『心を病む女たち』（一九八五年）によって、性差によって能力は異なり、男性を女性よりも優秀だと位置づける近代医科学が、家父長制に基づく近代社会の正統化に寄与したことを明らかにしている。また、一九世紀から二〇世紀初頭の西洋の少女小説に描かれた傷病について考察した研究として、ロイス・キース『クララは歩かなくてはいけないの?』(二〇〇一年)がある。

日本においては、川村邦光『オトメの身体』(一九九四年)、田口亜沙『生理休暇の誕生』(二〇〇三年)、田中ひかる『月経と犯罪』(二〇〇六年)等、すでに多くの研究がなされている。ただし、研究の潮流は、大衆の衛生実践——たとえば病院や学校、労働、司法の場や、あるいは衛生用品の普及など——を解明することにある。したがって、明治期の医療化言説は観念的なものであり、実効性という基準ではかると有意性が見出せないとして、考察の対象とされることが少ない傾向にある。このため、同時代資料を実見するという基本的な手続きを踏まえぬままに、明治期の医科学の学説はどのようなものか、またそこで何が語られていたのかも、不問とされてきたのである。

生理休暇という制度の形成を辿ることで、近代日本のジェンダー秩序形成の解明を試みた田口は、明治期の動向にも言及しており、「女学生の身体と生理」を「監視・調査」するための「装置として最初に機能した」(田口 2003:52)のが、良妻賢母の育成を意図した学校(高等女学校)であると述べる。ただし、明治期の「医療化の言説が観念的なものにとどまっていたといえるのは、なによりも医者や医療セクターが女性の月経を監視し治療することを実際に可能にする調査・統計の技法や医療システムがともなっていなかったからである」(田口 2003:44-45)として、大正期以降にこそ医療による管理が実態を伴ったものとなったと捉えている。たしかに、社会における普及と実践という視点から見れば、大正期は重要な時期だといえよう。

しかし、近代国家形成の途上にある明治期にこそ、「女子の心身」の特徴をめぐって議論が重ねられ、これを基盤として社会制度の整備が進められていく。したがって明治期についての考察は、日本のジェンダー秩序形成を問ううえでの前提となる作業だといえよう。

本書と問題意識を共有する唯一の研究は、加藤千香子による「性差はどう語られてきたか」(二〇〇九年)であり[4]、近代日本の良妻賢母主義が、性差にかかわる新しい「科学」によって根拠を与えられ補強されたことに着目した、先駆的な試みである。対象としている時期は、一九から二〇世紀の世紀転換期以降であり、とりわけ性差にかかわる科学が広がりをみせた時期として第一次世界大戦を重要視している。明治期については、三〇年代から末の短期間であり、この間の教育界における医科学の学説ついて述べた資料としては、下田次郎の『女子教育』(一九〇四(明治三七)年)を挙げるに留まっており、課題が残されている。

このように、性差をめぐる医科学の受容という問題に関して、すでに少なからざる研究があるとはいえ、明治期に対する言及は比較的なされていない。本書では、明治期を中心とする近代日本の教育界における、医科学の学説の影響について考察を試みる。これを通して、近代日本におけるジェンダー秩序の形成の一端を解明したい。

第三節　「少女」研究の視点から見えるもの

冒頭で述べたように、女子中等教育の制度化によって、出産可能な身体を持ちつつも、生殖から猶予された期間が出現し、これを「少女」期の創出と捉えることによって、「少女」や「少女」文化に関する研究がなされてきた。従来の研究が、「少女」および「少女」文化の特質をどのようにみなしてきたのかを、前提として確認しておきたい。

フィリップ・アリエスは、『子どもの誕生』（一九六〇年）で、子どもとは西洋近代社会において創出された存在であることを明らかにした。また、西洋では一九世紀に中等教育と高等教育機関で学齢区分が行われた結果、少年期後期と青春期が分化したと述べている（Ariès［1960］1973=1980：226）。本田和子は『異文化としての子ども』（一九八二年）で、一九八〇年代にアリエスの研究に依拠し、子どもと同様に「少女」もまた近代社会において生み出されたことを指摘した。本田は次のように語る。

未だ「人ならざる」赤ん坊的子どもの時代から、一足とびに大人へと直結する時間の中で、女たちは、種の再生産者、あるいはその候補者以外の何ものでもなかった。いま、ここに、その直進する時間が一時的に遮断され、彼女らの上に「少女」というモラトリアム期が出現したのだ。「女学校」の、しかも、家や両親とは全く無縁の「寄宿舎」という形で。（本田［1982］1992：205–206）

すなわち、女子中等教育の整備によって、かつての社会であれば既婚者に該当する世代の者が、「自分が性的存在たることを未だ我が身に引き受けるに至っていない若い女」としての「少女」となったのである（宮台、石原、大塚［1993］2007:97）。本田の「少女」論は、「少女」研究の進展を導くものとなり、「少女」とは何者なのかと定義する際に（肯定するにせよ、否定するにせよ）、前提として参照され、今日では基本書と捉えられるに至っている。たとえば大塚英志は『少女民俗学』（一九八九年）で、「近代社会は、すでに産む性としての能力を獲得しながら、その肉体が出産のために使用されない期間、少女たちの精神と肉体を異性から隔離し、来たるべき「使用の時」のためにその肉体を無傷のまま守り、さらにはその機能を向上させようという思想のもとに〈女学校〉をつくり出した」（大塚［1989］1997:105）のであり、「少女は〈学校〉という閉鎖された空間に囲われることで、はじめて〈少女〉たりうる」と述べている（大塚［1989］1997:108）。日本における「少女」研究は、良妻賢母の育成を目的とする「女学校」と、「少女」期の形成を不可分のものとして捉えてきたのである。

近代日本における「少女」の形成過程や「少女」文化に関する研究は、近年活況を示している。[5] 研究の傾向として、少女雑誌を分析する試みが多く、たとえば、今田絵里香『「少女」の社会史』（二〇〇七年）、中川裕美『少女雑誌に見る「少女」像の変遷』（二〇一三年）等の試みを挙げることができる。しかし、「少女」という存在を探るうえでは、国家や社会の中で「少女」がどのような存在として規定されていたのかを問う作業が前提として必要であり、そのためには少女雑誌に議論を限定すべきではないと思われる。そこで、筆者は、前著『〈少女〉像の誕生』（二〇〇七年）で、教育関係の資料（高等女学校用修身教科書や女子教育論等）を対象として、国家が「少女」に求めた「規範」的な役割を明らかにしようとしてきた。さらに、文学や美術に描かれた「少女」や、少女雑誌等のマスメディアを、国家が求めた「規範」との一致および不一致といった観点から、考察することをも試みてきた（渡部 2007）。つまり、国家による「規範」像としての「少女」の形成と、メディアでの展開を明らかにすることが、先の著書の意図するところであった。

このようにして研究を進める過程で、根本的な疑問を抱くようになった。それは、女性の人生の中で、教育を受けるべきとされる期間は、どのような理論に基づいて設定されたのかということである。本書の意図は、女子教育の制度化に際して西洋科学思想が与えた影響を考察することで、「少女」期ならびに「少女」観のさらなる源流を遡り、これを通して「少女」成立以前のいわば原型（プロトタイプ）となる理念を浮き彫りにすることにある。

第四節　研究方法と本書の構成

ここで、研究方法と構成を示すこととする。

まず、研究方法について説明する。次の三つの観点から考察を進める。

一つ目は、早婚否定説の影響である。チャールズ・ダーウィン（一八〇九―一八八二年）は、早婚の女子は十分な進化を遂げることができず、子孫を劣等とするとみなした。この学説が根拠となって「就学、結婚、出産」というライフコースが、女子が進むべき「正当な道」とみなされたのだと考えられる。二つ目は、エネルギー保存の法則の影響である。ハーバート・スペンサー（一八二〇―一九〇三年）は、女子は母となり、エネルギーを種の再生産のために使わねばならないため、その他の活動や知的発達に割けるエネルギーの絶対量が少ないとみなした。この学説が男女の教育機会や教育水準の格差に対し、理論的正当性を与えたのだと考えられる。三つ目は、ダーウィン主義精神医学における性差特性論である。「知性」において男子に劣り、また女子の備える過度の「感傷性」を病の兆候だと捉える性差特性論は、公的領域と私的領域をジェンダーによって棲み分け、それぞれの領域に合致するように教育内容に差異を設けることを正当化する役割を果たしたのだと考えられる。

続いて、本書の構成を示す。

第一章では、すでに見た通り、本書の理論的前提を示している。

第二章では、国民の再生産に尽くす母体となることが期待される「女子の心身」が、どのように捉えられていたのかを確認する。第一節で、医科学の分野で、種族の繁栄という趣旨から、「女子の心身」をいかなるものと捉えたのかを示す。第二節では、医科学の規定した日本人種の特性を、教育界はどのようにして改良しようとしたのかを分析する。以上の考察によって、「規範」像とは何かを浮き彫りにする。

続く第三章第一節から第三節において、「逸脱」者とは何か、医科学および教育界がどのように定義したのか解明する。具体的には、月経が心身に及ぼす作用と、学校による「女子の心身」の管理について分析する。また、女子の精神の働きと、容貌の美との相関性をめぐる議論に注目する。第四節では、教育内容が、女子の特性に合致していない場合、心身に悪影響を与えることがあるとする医科学の学説を、教育界が支持し、この学説を根拠に男女の教育格差の正当化がなされたことを指摘する。また、自由な選択の許されない閉塞的な状況が女子に与えた苦悩について言及する。

以上の分析を通して、国家が定めた良妻賢母という「規範」から「逸脱」の可能性のあるあらゆる行為に、病や死という「懲罰」の表象が与えられたことを明らかにする。

「おわりに」において、各章の考察を振り返り、近代日本におけるジェンダー役割の構築と固定化のプロセスを確認する。これに加えて、現代において、「少女」について考える意図や意味について言及する。

第二章　「規範」像としての「少女」——その源流を辿る

はじめに

小中学校が義務教育とされ、高等学校への女子の進学率も九七パーセントに達する今日において（内閣府男女共同参画局 2016）、第二次性徴期の女子が学校に通い、卒業を経てから結婚し、出産するというライフコースは、なかば当然のもののように受け止められている。しかし、中等教育が普及する以前の社会では、こうした見方はけっして当たり前のものではなかった。では、そのルーツはどこに求められるか、明治期の女子教育における西洋科学思想の影響に着目することで、明らかにしたい。

先行研究は、女子教育と科学思想の関係について、どのように言及しているのだろうか。深谷昌志は、一九〇七（明治四〇）年前後という、良妻賢母思想への批判が、社会主義者による「婦人解放」の視点、教育機会の拡張の面、職業教育の観点等、様々な角度からなされるようになった時期に、「良妻賢母」擁護派は、社会有機体説、差異心理学など科学的言説によって正当性の根拠を求めたと主張する（深谷［1966］1998：228–237）。また、加藤千香子は、性差に関する科学的言説の登場について、次のように説明する。高等女学校令によって、一九〇〇（明治三三）年前後に女子中等教育が発展していくに際し、理念として掲げられた良妻賢母主義を根拠づけ補強したのが「脳」や、「臓器」に関する医科学の知であった（加藤千香子［2009］2014：70–73）。一九一〇年代に女性解放論を危険視する見方が登場すると、性差を「生殖器」に特化させて捉える新しい観点が生じる（加藤千香子［2009］

2014:73-77)。また、国民国家間の生き残りを賭けた第一次世界大戦期（大正三（一九一四）年から大正七（一九一八）年）以降、「種族の進化向上」という新たな論理が登場し、「女性の使命」としての「生殖」の重要性を高めたと加藤は捉える（加藤千香子［2009］2014:87)。

しかし、深谷が主張するように、明治四〇年頃に、良妻賢母主義への批判をかわす目的で医科学と教育が結びついたわけではない。また、加藤が主張するように、一九一〇年代の女性解放論に対する否定的な風潮や、第一次世界大戦期以降の「生殖」を重要視する意識が、生殖器に特化した性差の科学の台頭を招いたわけでもない。

女子教育の制度化の初期の段階からすでに、進化論に基づく医科学を根拠とすることで、「民族の繁殖」をはかることが課題として捉えられていたのである。そのことを、以下で明らかにしたい。

第一節　国の富強と種族の繁殖

月経と種族の繁殖

富国強兵、殖産興業、文明開化をスローガンに近代化政策を押し進めた明治政府にとって、兵力、労働力の増強が何よりも重要であった。

健全で頑強な人間をより多く再生産するために、明治政府は、女子の生殖能力を国家の盛衰に関わる問題として捉えていた。たとえば、戦前の女子教育界のイデオローグとして知られていた東京女子高等師範学校教授下田次郎は、女子教育講和会の講演録「女子教育の目的」（一九〇三〈明治三六〉年）で、「婦人の目的は子」であり、「賢母は亦、健母でなくてはならぬ」と述べている（下田次郎[1903]1982:4）。

西洋列強による植民地化に抗し、日本が国民国家を形成するにあたって、白人を優等、有色人種を劣等と位置づける進化論を乗り越えるために、「日本民族白人説」「混合民族論」等、様々な議論がなされたことはよく知られている（たとえば小熊英二『単一民族神話の起源』〈一九九五年〉）。

進化論に基づく西洋の科学思想において、有色人種である日本人は劣等人種であり、知的能力、身体能力だけでなく、生殖能力も劣るとされた。そこで、医師たちは、「女子の心身」を人口の増加という視点から注目し、研究を重ねる。成人の心身を改良するのは困難だと考えた医師たちは、十代の女子に期待をかけたのである。学校衛生の父と称されている三島通良は、一八九一（明治二四）年九月に、私立大日本婦人衛生会の総会で、「女子の健康は国家の健康なり」と題する講演を行っている。この講演録は、『婦人衛生会雑誌』に掲載されており、ここで三島は、早婚の女子は、教育上において「不行届」であり、妻となり一家を治める能力を持たず、また衛生上から見るならば身体の発達が十分でないため、「強壮《じょうぶ》」な子どもを産むことができず、かつ子どもの「教養」もできないと説いている（三島[1891]1990:12）。

「早婚」を悪習として排し、結婚に至るまでの一定の期間において、良き妻賢き母となるうえで必要な教育を受けることを国家は推奨した。第一章で説明したように、良妻賢母教育を担ったのは高等女学校であり、おおよそ一三歳から一六、一七歳の女子がここで学んだ。女子中等教育の制度化は、その構想の段階から、「民族の繁殖」という日本人種の存亡に関わる課題のもとで、女子の生殖能力を管理しようとするものであった。理論的根拠とされたのは西洋からもたらされた進化論であり、そこで主張されていた、「日本人を劣等」とする学説を克服することを目的としたのであった。

医師河島右一（一八七五（明治八）―一九三二（昭和七）年）は、私立大日本婦人衛生会で「月経の話」と題する講演を行っている。河島は、一九〇七（明治四〇）年に東京帝国大学医学部を卒業し、同大医学部で助手を勤め、ザクセンに一九一〇（明治四三）年から一九一二年に留学し、帰国後に河島病院の院長を務めた人物である（松尾 1998 : 207、手塚晃、国立教育会館編 1992 : 289）。この講演は、渡欧前の助手時代になされたということになる。

> 月経は妊娠の本である、妊娠の本であるとすれば妊娠はどう云ふものであるか、是は御婦人方に取つて最も大切で最も重要なる問題となるべきものであります、此妊娠といふことは種族繁殖といふことに缺くべからざることで、此がなかつたならば人口の繁殖も出来ず、国の富強を保つことも出来ないのであります、此大切なる婦人の任務の本をなす月経であるから餘程此辺に就ては御注意にならなければならないのであります。（河島［1910a］1991 : 3）

種族を繁殖させ、国の富強を保つうえで、欠くことができないものが、妊娠である。「婦人の任務」である「妊娠の本」となるのが月経であり、婦人はこれに注意を払わなければならないと河島は説く。三島や河島が講演を行った私立大日本婦人衛生会は、一八八七（明治二〇）年設立、創設当時の中心メンバーは、女医一号である荻野吟[1]、岡田美寿子、松浦里、鈴木雅らの医療関係者、大沢作子、榊こう子ら医師の妻や母、加藤弘之夫人である加藤鈴子、南部隈子らのいわゆる「名士夫人」などから成る[2]（亀山 1994:14）。設立の趣旨は、会則の第一条に、「凡本会の目的ハ汎く婦女子をして人生の健康を保持するの方法を講究し衛生上の智識を開発せしめ随て社会全般の幸福を増進するにあり」とあるように、衛生思想を普及させることで、社会改革をはかることにある（亀山 1994:15）。なお、私立大日本婦人衛生会は、婦人慈善会、大日本婦人教育会、日本婦人矯風会とともに四大婦人会とみなされていた（亀山 1994:17）。また機関誌として『婦人衛生会雑誌』（一八八八（明治二一）年創刊、一八九三（明治二六）年に『婦人衛生雑誌』と改題）を持ち、この雑誌を通して、「婦女子」に対して、啓蒙という目的のもとで医科学の知識を伝えようとした。

河島の講演録が示すように、医師たちは月経を研究することで、国家に貢献しようとした。河島ばかりでなく、そうした試みを、やはり『婦人衛生会雑誌』（『婦人衛生雑誌』）誌上に複数見ることができ、その一部を以下に挙げてみよう。たとえば、医師大塚憲達の講演録「日本婦人の初経期及月経の経過」（一九〇六（明治三九）年）は、広島衛生医事月報に掲載されたものの抄録であり、地方の医師によって、月経に関する研究がなされていたことを示している。

国家の盛衰と云ふものは其国民の勢力の消長如何にある其勢力の消長は其国民の成熟期の程度であると云ふことは欧州の政治家が既に唱へた所であるし、近頃に至つて又我邦の政客も亦之を賛成して蝶々するようになつた者であります、政治家さへそれであるし、況んや吾人立脚地を骨盤内臓に置いて最も多数の人に対して、成熟期を問得べき大なる便宜の境遇にある専門医としては等閑に附すことは出来ない積りでありますが（中略）此事に関しては私よりも前に大分統計を取つて報告なされたのは沢山ありますが、統計と云ふものは数が沢山になければならぬ、（大塚［1906］1991：21）

大塚は、「国家の盛衰」に関わる国民の「成熟期の程度」に関する統計調査を行うことで、国家へ貢献しようとしたのだと述べる（大塚［1906］1991：21）。「成熟期」すなわち生殖可能な期間について研究することを、大塚が重要だと捉えたのは、その長短が女性が産む子どもの数に影響するためである。すでに統計は多くなされているものの、より多いことが有効なため調査したのだという。大塚は一九〇四（明治三七）年一月以降、二九二〇人を対象に初潮の訪れた年齢を分析している。その結果は、次の通りである。

十年代の者が一人、十一年代の者が三十五人、十二年代の者が二百七人、十三年代の者が五百二十一人、十四年代の者が七百二十八人、十五年代の者が六百七十八人、十六年代の者が四百三十一人、十七年代の者が百七十七人、十八年代の者が七十六人、十九年代の者が十三人、二十年代の者が八人、二十一年代の者が一人、さうすると十四年代、十五年代が最も多い数であります、此総計年数を寄せて見ますと云ふと四万二千五百八十四年九ヶ月になりますそれを総平均して見ますと十四年十ヶ月と少しになります（大塚［1906］1991：22）

一四歳から一五歳がもっとも多いが、一三歳の者も多く、平均すると一四歳一〇ヶ月と少しになる（図2）。

また、初潮が訪れる年齢は地域によって差があると当時みなされていた。河島の講演録を再び見てみると、そこには次のように記してある。

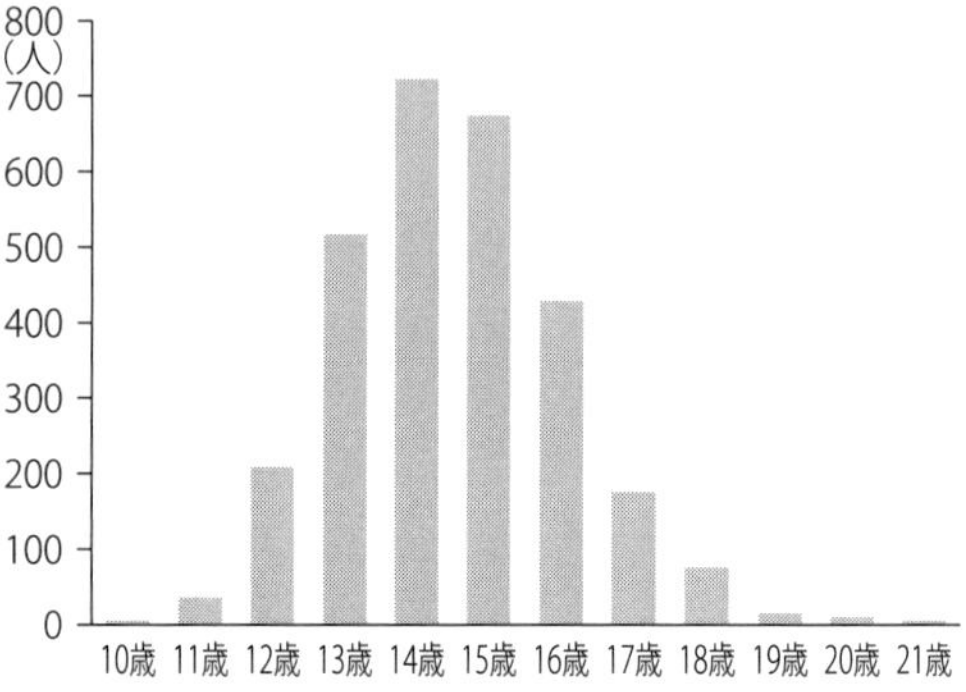

図2　初潮年齢（大塚［1906］1991より作成）

初経の参ります時期は寒帯、温帯、熱帯等に依て異つて居ります、寒帯地方に住んで居る方々の月経は比較的遅く来るのであります、熱帯地方に居る方々の月経は大抵速く来るのが普通になつて居ります、さうして生活状態にも関係するので、田舎の様な極く閑静な土地に住んで居る人は月経が遅く来るのであります、都会のやうな極めて繁華な刺激の沢山ある処に住んで居る方々は速く来るのであります、（河島［1910a］1991：2）

「初経」すなわち初潮のおとずれる時期は、寒帯、温帯、熱帯等によって異なり、寒い地域の方が比較的遅く、熱帯地方ははやい。また、生活状態も関係し、田舎のような閑静な土地は遅く、都会のような刺激の多い場所でははやいと語る。

環境要因と初潮年齢の関係を、医師たちは明らかにしようとした。たとえば無署名による「少女の春潮期」（一九〇四（明治三七）年）には、「東北医会々員某氏」による「去卅三年以来寒国婦女の春潮期を調査せられたる結果」が示されている（無署名［1904］1991 : 47）。すなわち、以下である。

宮城県　四十五人の平均　十五年一ヶ月十一日
福島県　三十三人の同　十五年〇月十三日
岩手県　四十六人の同　十五年二ヶ月十六日
青森県　二十九人の同　十四年十ヶ月二十五日
秋田県　四十七人の同　十四年十ヶ月九日
山形県　二十五人の同　十四年十一ヶ月八日
　総計　二百人　平均　十五年〇月八日（無署名［1904］1991 : 47）

この無署名の著者は「我国少女の平均成熟期に比して別に気候的関係の特徴を認めざるは更に攻究

を要す」（無署名［1904］1991：47）とことわっている。

医師たちが、初潮の訪れる年齢と月経継続期間、さらには地域差についてまで解明しようとしたのは、先に述べたように、人口増加という視点から月経が捉えられていたことによる。また重要なことは、西洋列強による植民地政策という脅威に、明治期の日本はさらされていたということである。

それは先に引用した広島の医師大塚憲達による、「日本婦人の初経期及月経の経過」（一九〇六（明治三九）年）が次のように記していることから、うかがうことができよう。


私が嘗て聞きましたことには欧洲人と日本人と、成熟期即破瓜期に大変な懸隔があつてどうしても、成熟期の早い国民は盛んになれぬと云ふやうなる報告も一寸見たこともあり殊に当時東洋の風雲は未定にして勢人種の競争なりと云ふ説日々加はりし故に自分は此産婦人科教室に来ましてから木下教授の指導の下に調査した（大塚憲達［1906］1991：21–22）

大塚はかつて、ヨーロッパの人々と日本人では「成熟期」に大変な差があってどうしても「成熟期」の早い国民は「盛んになれぬ」という報告を見たこともあり、また帝国主義による植民地政策により「東洋の風雲」が定まらない中で、「人種の競争」という説もあり、そこで初潮年齢と閉経年齢を調査しようとしたと述べる。

「人種の競争」という大塚の言葉の背景には、進化論の受容と内地雑居をめぐる論争がある。

人種の競争と適者生存

日本にダーウィン進化論が本格的に導入されたのは、一八七〇年代後半（明治一〇年前後）のことである。そのころ日本は新しい国内体制を模索しながら、それまでの遅れを取り戻すために科学、技術、政治、社会制度などを摂取し、欧化政策を大々的に実施しようとしていた。したがって、この時期に必要とされたのは、生物理論としてではなく、むしろ人間社会の進化・発展を説明する社会理論としてのダーウィン進化論であったと鵜浦は説明する（鵜浦 1991：120）。また、一九世紀後半にあっては進化思想のポピュライザーとしてダーウィンにまさるとも劣らぬ広汎な影響力を持ったのがハーバート・スペンサーであり（荻野 2002：207）、彼の学説も日本で受容され大きな影響力を持った。

進化論は社会の様々な分野で、一種権威的な理論として猛威を振るったのであり（鵜浦 1988：82）、その様相を、鵜浦は次のように説明する。自由民権派は社会進化論に基づいて国会開設、国民の参政権拡大を主張し、一方、国権伸張派は、ダーウィニズムによって天賦人権説を否定した。社会主義者は資本家と労働者の対立をダーウィン流の生存競争の一部であると考えることによって、社会主義を進化論に載せて普及させようとした。仏教徒はキリスト教と真っ向から対立する進化論に身を寄せ、仏教進化論を提唱するなどしてアンチ・キリスト教キャンペーンを展開した（鵜浦 1988：82）。このように、明治期において進化論は、異なった立場からなされた様々な主張に、正当性を与える役割を果たした。

これは日本に限った現象ではない。一九世紀とは、西洋において知の体系のパラダイムチェンジがなされた時代であった。すなわち、神学に代わって科学が権威の王座につき、政治的、世俗的利害とは無関係な「真理」を啓示しうると期待されたために、自然界だけではなく人間社会にも同じように科学的「法則」を当てはめることで、社会的問題に対する解決策の当否が判定できると考えられるに至ったのだと、荻野美穂は解釈する（荻野 2002：202）。

日本の場合、人種主義と結びついた集団主義的社会ダーウィニズム[3]（ダーウィンの進化論の「生存競争・適者生存」という二つの概念を人間の社会現象の説明に適用したもの）がもっとも顕著に現れた論争として、「内地雑居論争」を挙げることができる（鵜浦 1991：122,137）。

明治政府にとって、西洋列強との間に締結されていた不平等条約の改正は外交上の大きな課題であり、その交渉に際して、外国人の日本国内での居住や、商業営業また不動産所有を認めることすなわち内地雑居を条件に挙げたのである。一八九四（明治二七）年に日英通商航海条約が締結され、一八九九（明治三二）年に同条約発効とともに、内地雑居が行われるようになった。今日から考えれば、関税自主権の確立や治外法権の撤廃の方がはるかに重要な問題であるのにもかかわらず、民衆の間で最も注目され議論されたのは、内地雑居問題の方であったと鵜浦は述べる（鵜浦 1988：84）。

当時の日本の知識人たちは、内地雑居が、日本人種の滅亡を招くのではないかという危機感を抱いた。日本の当局者は、スペンサー自身に忠告を求めた（鵜浦 1988：84）[4]。スペンサーは「進化の原理から いふと、優等の国民と文化のおくれた生活程度の低い国民との混合は、優等の国民の血が勝つて、その血の圧倒を受ける」ため、雑居を避けるべきだと答えたという（市嶋 1924：13）。

西洋人の優等性を肯定し、人種改良のために「雑婚」を奨励する論者もいた。福沢諭吉の弟子である高橋義雄は、『日本人種改良論　全』（一八八四（明治一七）年）で、「劣等人種ガ優等人種ト雑婚スルノ際ニハ劣等人種ニ取リテハ多少好結果ヲ来ス」とする見解を示す（高橋義雄 1884：100）[5]。

しかしこの高橋の主張は、日本人を単一民族と見、日本の優秀さを単一民族団結に帰す国体論者によって、強く批判されることになる。明治新政府の確立に努力した加藤弘之、そして井上哲次郎は、ともに内地雑居を時期尚早として反対した。

東京大学初代総理で、元老院議官、貴族院議員、枢密顧問官、帝国学士院長を歴任した加藤弘之（一八三六（天保七）―一九一六（大正五）年）は（加藤弘之、加藤弘之先生八十歳祝賀会編 1915）、一八八六（明治一九）年の学士会院の演説で「黄白雑婚」を批判した[6]。加藤は「黄白雑婚」について、次の見解を示す。

西洋人種の血液を日本人種に加ふるときは、其加ふる丈けは日本人種の血液を減ずるものなれば、漸々此術を施して已むことなきときは、遂に日本人種の血液は殆ど滅絶して、畢竟殆ど西洋人種の血液のみとなるは甚だ明瞭なることなれば、之を人種の改良と称するは不可ならん。（加藤弘之 [1886] 1990：40）

日本人と西洋人の間での雑婚は、代を重ねるごとに日本人の血を減少させるため、人種の改良と称すことはできないと述べる。[7]

また、井上哲次郎（一八五五（安政二）―一九四四（昭和一九）年）は、『内地雑居論』（一八八九（明治二二）年）で、「内地雑居ハ我邦の人口をして遂に減少せしむるの恐なしとせず」と記している（井上哲次郎 1889:23）。部族や人種間の競争が、人種の絶滅を招くとするダーウィンの学説に依拠することで、内地雑居が人口の減少を招くと捉えているのである。なお、井上は、哲学を専門とし、一八九〇（明治二三）年に帝国大学文科大学教授、一八九七（明治三〇）年に東京帝国大学文科大学学長に任じられ、『教育勅語』（一八九〇（明治二三）年）の解説書である『勅語衍義』（一八九一（明治二四）年）を発表し、明治政府のイデオローグとして、活躍した人物である（唐沢 1984a:269–272）。

集団主義的社会ダーウィニズムは、通常、白人を「適者」とみなし、有色人種を劣等視する。[8] したがって、白人は進化の明るい未来にだけ目を向ける。しかし有色人種である日本人は「絶滅」という、暗い結末を見据えざるを得ない（鵜浦 1991:133）。

進化論を信奉する井上にとって、日本人が劣等人種であることは自明のことであった。なぜならば、日本人は西洋人に比較して身体が「矮小」で、頭の形が「高くして広からず。（中略）身体の割合に巨大」（井上哲次郎 1889:12–13）であり、これらの様態は劣等人種の特徴だと、進化論では位置づけられていたからである。

また井上は、「サンド《マ》ウッチ諸《マ》島」（現在のハワイ諸島）の人口が、一八世紀後半のジェームズ・クックによる発見から約一〇〇年ばかりの間に、三〇万人から五万一五三一人に減少したことに触れ、

「西洋の風俗を模倣し、衣服を変じ、食物をも往々之を改め、耶蘇教を入れ、南洋第一の開化国となり、英国が千年に成し遂げしことを僅々五十年の間に成し遂げた」ことと「我国の状況と大に相似たるもの」であり（井上哲次郎 1889:33-34）、したがって「内地雑居の事は大に我邦の存亡に関係」あるとして、強い危惧を表明している（井上哲次郎 1889:43）[9]。

このように、国体論者として知られる、井上と加藤はともに進化論を根拠として、「雑婚」に反対した[10]。雑婚の結果生じる社会問題について、新条約成立前の一八九四（明治二七）年に陸羯南（一八五七―一九〇七年）は、『日本叢書・外権内侵録』（羯南陳人の筆名による）で指摘している。陸は居留地の状況を調査し、外国人男性による日本女性の性的搾取とその結果としての雑婚を、強く批判している。

基督教国人即ち自称文明国人の我国に在る者は如何に我が婦女を弄するや彼等は條約に於て日本人を雇使するの権利あれども使用の途は必ず正当なるを要すラシヤメン即ち彼等の称してムスメといふものは正常の雇使なるや否や是れ放置すべきにあらず（中略）此の醜事の結果は我か人種の純を害し我が風俗の朴を敗り其の弊言ふべからざるものあり彼の間の子は如何の状ぞ（羯南陳人［1894］1992:52）

居留地に住む西洋人男性は、日本の「婦女」を「ラシヤメン」として雇使しているが、これは正当な雇用ではなく、結果として生まれた「間の子」は「人種の純」を害し、「風俗の朴を敗」るので放置してはならないと陸は記す。

彼れ居留の外人は我が婦幼を遇すること殆ど犬羊を視るが如し彼等は我が婦女を雇使して獣欲を充たすの具に供し病に罹れば之を棄て妊娠すれば之を放ち為に憫むべき寡婦孤児は我社会に増加す（羯南陳人 [1894]1992:58）

西洋人は日本の「婦女」とその子どもを犬か羊かのようにみなし、「獣欲を充たす」道具とし、また病にかかったり妊娠すれば捨ててしまう。というのも、「元来白人なるもの彼等同士の外に人情も義理もなきもの」であり、彼らは日本人に「同情同感」を持たないからである（羯南陳人 [1894]1992:55）。結果として「寡婦孤児」が日本社会に増加しており、これを社会問題として「相当の方法」を立てなくてはならないと陸は述べる（羯南陳人 [1894]1992:58）。

教育界における「雑婚」に対する見解

東京大学予備門の教諭であった松山誠二は、「衛生モ亦教育家ノ一責任乎」（一八八三年（明治一六）年）と題した論稿で、「人類健康ノ度ヲ高フスル」という「衛生ノ務」は、医師や衛生家だけでなく、「人文進マサレハ敢テ人類健康ノ度ヲ高」くすることができない以上教育家にも責任があること、また「疾病ノ原因」のうち「飲酒」「猥褻」「暴行」「不当結婚」を防ぐうえで、「家庭ノ訓育」や「黌舎ノ教授」が必要だと主張する（松山 1883a: 413-414）[11]。松山は「疾病ノ原因」のうち、「猥褻」の害について次のように説明している。

希臘ハ宇内ニ率先シ開明ノ域ニ達シ人文風ヲ成シ所謂文明ノ名ニ恥チサリシカ（中略）港口ノ如キハ内民外人ノ雑居往復度ナク男女ノ秩序紊擾シ人種混乱シ従テ不健不潔ノ子弟大ニ繁殖シ為メニ遂ニ亡国ノ惨状ヲ呈スルニ至リシナリ故ニ猥褻弛縦ノ衛生ニ害アルヤ極テ甚シト謂フヘシ（松山 1883a: 415）

松山はギリシャが他に率先し「開明」し「文明」の名に恥じなかったにもかかわらず、「亡国ノ惨状ヲ呈スル」ようになったのは、「港口」という地理的条件の中で、「男女ノ秩序」が乱れ、様々な人種の間で生まれた子どもが「繁殖」したことによると主張する。雑婚がこのような惨状をもたらすのならば、日本人もこれを避けねばならない。なお、松山は『学校衛生論』（一八八三（明治一六）年）と題する著書も出版しており、学校が国民の健康を管理するうえで、重要な機関だと考えていたと思われる。

また、一八九四（明治二七）年に日英通商航海条約が締結され、一八九九（明治二九）年に同条約発効とともに内地雑居が行われるようになるという社会情勢の変化に向けて、学校はいかなる役割を果たすべきか盛んに議論がなされた。深谷昌志は、それまで低迷であった女子中等教育の振興の要因となったのが内地雑居であり、優秀な民族である外国人に対抗するために、教育による人材育成を図ろうとしたのだと指摘する（深谷［1966］1998：160）[12]。教育界における内地雑居への対策法について言及した資料として、『教育時論』掲載の無署名による「内地雑居に対する教育上の準備」（一八九六（明治二九）年）、『私立岡山県教育雑誌』掲載の無署名による「条約実施に対する教育準備」（一八九七（明治三〇）年）、この他熊本県や長崎県等、地方の教育会の動向を深谷は挙げる。そして、これらの資料から、キリスト教並びにキリスト教主義女学校の存在が問題視されていたこと、「特に女子は無知で、外国人やキリスト教に弱い」とみなされていたため、「日本人としての自覚」を植えつけねばならないとする危機感があったことを深谷は読みとっている（深谷［1966］1998：161–162）。明治政府にとって、キリスト教はむろんのこと、民族の存亡に直につながる問題である「雑婚」もまた、脅威と捉えられていたのではないか。

たとえば、深谷が挙げた資料「内地雑居に対する教育上の準備」（一八九六（明治二九）年）にも、「雑婚」を脅威とする意識を見出すことができる。この資料を丁寧に見てみることにしよう。

本日十二日、樺山内務大臣外二十二名、條約実施準備委員を仰せ付られたり。思ふに條約改正の実施たる、我国に取りて未曾有の事にして、我国百般の社会に、大変動を与ふべきは明なれば、能く始めに慮りて、之を未然に拒ぐにあらずば、他日臍を咬むの悔あるべし。今差し当り、之に対す

る教育上の準備を挙ぐれば、略左の如くなるべし。（無署名 1896:8）

条約改正に際して、日本社会に、大変動が起きるのは明らかであることから、これを未然に防ぐために、教育上で準備が必要だと、この無署名の論者は指摘する。具体的に次の七つの課題を挙げている。


一日本的思想の上に、世界的思想迫り来らば、此衝突に依りて我国人、殊に学校生徒の心界に、非常の変動を来すことなきや。来すとせば、此変動に屈せず、我国性、我自主心を伸張せしむる方法と程度とは如何。

一宗教道徳風儀風俗の相違に対する、我道徳教育は如何にすべきか。

一国語に変化を来すことなきか。来すとせば、我国語教授法の精神を更に■（引用者注：判読不明文字）固する必要なきか。

一西人設立の学校と、日本在来の学校との間に、円滑なる交情を保たんとするには、如何すべきか。

一我学校に、西人の子弟を送ることあらば、其教育法は如何。

一雑種児殖ゆべし。此雑種児の教育法如何。

一教会学校増加すべし、之に対する取締りの法如何。（無署名 1896:8）。

「我国性」を伸張する教育方法、「道徳教育」、「国語教授法」、西洋人の設立した学校と日本の学校との「円滑なる交情」を保つ方法、西洋人の子弟が日本の学校で学ぶ場合の「教育法」、増加が見込まれる「雑種児」の教育法、やはり増加が予測される「教会学校」の取り締まりの方法、これらの課題を挙げる。道徳、国語、宗教、外国人との交流と並んで、「雑種児」が問題視されているのである。

また『私立岡山県教育雑誌』は、無署名の著者によって、「条約実施に対する教育準備」と題する記事が記されており、「文部省にては条約実施に対する教育上の準備として左の事項を調査せりといふ」とことわったうえで、七つの事項を挙げている（無署名 1897:39）。

一国民固有思想の上に世界的思想の襲来することは条約実施上自然の結果にして就学生徒の頭脳に非常の変動を起し来るは必然たれば此変動に対する我が国性及び我自主心を伸張せしむる方法
一国語と外国語との関係及び此れが為めに国語に変化を来すときに於ける我国語教授の方法
一宗教道徳風俗等に関し我と彼との相違に対する我が徳育の方針
一條約国子弟にして我国在来の学校に出入するに就ての取締及び其教育法
一雑種児に対する教育の程度
一条約国人の設立せし学校と本邦の設立に成る学校との関係即ち彼我の設立に成る学校との間に円満なる交情を保たしめんとする方法及其管理に関する規定
一教会学校に対する取締法（無署名 1897:39）

これらの事項は、表現に若干の異同がありつつも、『教育時論』が挙げる項目と一致している。「文部省」による「教育上の準備」である以上、日本全国で統一的に掲げられた課題だったのであり、その中でも「雑種児」の存在は、国語、道徳、外交、宗教等と並ぶほどに、教育界にとっても重要な問題だったことを、これらの資料からうかがうことができよう。

日本人の「成熟期」

民族の進化と生存競争のうえで、「雑婚」の可否以前に、医師たちが問題視したのは、日本人女性の「成熟期（破瓜期）」であった。それは先に引用した医学士大塚憲達の「成熟期の早い国民は盛になれぬ」（大塚憲達［1906］1991：21）という言葉からも、うかがうことができよう。

成熟期が早い日本人は人種として劣等だとする学説は、当時の医科学において定説であったと考えられる。衛生学者三島通良（一八六六（慶応二）―一九二五（大正一四）年）は、日本人を「早熟」だと捉えていた。三島通良は、その功績から「学校衛生の父」という異名を持つ人物である。一八八九（明治二二）年に帝国大学医科大学医学科を卒業後、翌年帝国大学大学院に入学し、「日本健体小児の発育」を研究テーマに選び、一九〇二（明治三五）年に医学博士の学位を取得している。一八九一（明治二四）年に文部省の学校衛生事項取調嘱託に、翌年小児科医院を開業し、一八九六（明治二九）年に文部省学校衛生主事、高等師範学校教授に就任、その後学校衛生課長を歴任した（小嶋 1997：1）。

三島は、『日本健体小児ノ発育論』（一九〇二（明治三五）年）で、師であるエルヴィン・フォン・ベルツ（一八四九―一九一三年）が行った一四歳から二五歳の男子を対象とした体重の増加に関する統計調査によって、日本人が「欧州ニ比シ早熟ノ人種」だとする結果が示されたと記す（三島1902:239-240）。さらに、これは男子に限定した結果だが、「女児ニ於テモ亦全ク同様ノ状況ナルコトハ、余ノ調査ヲ見テモ之ヲ知ルニ難カラズ」と述べる（三島1902:241）。

しかし、「早熟」の何が問題だというのだろうか。

本邦人種ハ既ニ早熟タルニ於テ疑ナシトシテ尚ホ早衰ナリヤ否。前ニ早熟ナルモノ、後ニ早衰ナルハ、動植物界ヲ通ジテ存在スルトコロノ常規ナリ。余ハ本邦人ハ早熟ニシテ且ツ早衰ナル人種ナルコトヲ信ゼントスル一人ナリ。（強調記号原文ママ）（三島1902:242）

早熟の人種は早衰するのが「常規」であると、三島は記している。つまり、早熟であることが早衰を意味するため、人種の盛衰から見て問題だと述べているのである。

発情期ノ始終ニ於テハ、彼我ノ間ニ遅速ノ差アリ。我ガ発情期ハ凡ソ彼ニ先ツコト二年ニシテ、此急激強勢ナル発育ヲ持続スル四年間ナレドモ、彼ハ我ニ遅クルル二年ニシテ発情期ニ入リ、凡ソ五年間其強勢ノ発育ヲ持続ス。（中略）

本邦小児ノ発育ハ、生理上極メテ順当ナルモノナリ。然レドモ之ヲ欧米ノ人種ニ比スレバ、其幼児ニ於テハ敢テ譲ルコト少シト雖ドモ、其長ズルニ当リテヤ、彼ニ比シテ短小ナル身体ヲ有スルニ至ル、（三島 1902：249-250）

「発情期」の始まりと終わりは、欧米人と日本人では差があり、日本人は欧米人より早く発情期が始まり、発育が持続する期間は四年間である。欧米人は日本人よりも二年遅く「発情期」が始まり、五年間発育が持続する。日本人の幼児の発育状態は欧米人と遜色がないものの、成長するに従って欧米人に及ばなくなり、「短小ナル身体ヲ有スルニ至ル」のだと三島は述べる。

身長、体重を根拠に、日本人を早熟で早衰な人種だとする明治三〇年代半ばの三島の見解に対し、そのわずか四年後の大塚の調査結果は、「平均三十年十ヶ月の間は日本人が生殖機能を営むに充分なる時」とするものであった。すなわち「欧羅巴人は三十年から三十五年の間生殖機能を有して居る」から、「（引用者註：日本人の）三十年十ヶ月は其中に這入つて居る」ため「名誉ある黄金色人種は西洋人に劣る所はない」のだという（大塚［1906］1991：24）。

統計から導き出される解釈は、公正性や普遍性を示すわけではない。調査にあたった研究者の価値判断に左右されるからである。「欧羅巴人は三十年から三十五年の間生殖機能を有して居る」のであれば、「（引用者註：日本人の）三十年十ヶ月」は欧州の中でも最低の水準にようやく達しているに過ぎないとも考えられる。一九〇五（明治三八）年に日露戦争で勝利する等、この間に生じた国際社会における地位の変化が、「西洋人に劣る所はない」「名誉ある黄金色人種」という大塚の主張の背景にあると、捉えることもできよう。

いずれにせよ、女子の「成熟期」は人種の存亡に関わる問題として捉えられ、研究の対象とされたのである。

第二節　女子教育界における科学思想の受容

早婚否定論

このように、民族の進化と生存競争のうえで、「成熟期」を重要とみなし、統計調査が進められた。日本人が早熟で早衰な人種なのだとすれば、せめてこの短期間の成長期を万全なものとする必要がある。そのためには成熟を阻害する要素を排除せねばならない。

そこで、とりわけ避けねばならない行為として、問題にされたのが早婚である。本章第一節でも参照した松山誠二による「衛生モ亦教育家ノ一責任乎」(一八八三〔明治一六〕年)は、結婚に際して避けるべきものの一つとして早婚を挙げる。


極テ早年或ハ老年ノ結婚ハ婚スル者ノ健康ニ害アリ且通例児女ヲ産セス或ハ幸ニ之ヲ産スルモ其児往々非薄虚弱ニシテ中年以上マテ生存スルコト稀ナリクェレット氏ノ説ニ由レハ二十六歳ヲ過キサ

ル成長婦人ノ三十三年ヲ越ヘサル成長男子ニ配スルヲ以テ最モ多ク小児ヲ産出シ且最モ強健ナル小児ヲ得ル者トスト云ヘリ（松山 1883b : 445）

また、『東洋学芸雑誌』に、大沢謙二（一八五二（嘉永五）―一九二七（昭和二）年）による学士会通俗学術講談会の講演録「婚姻ノ話」（一八九〇（明治二三）年）が掲載されている。一八七〇（明治三）年より一八七四（明治七）年にベルリン大学に留学し、帰国後東京医学校教授を務め、一八七八（明治一一）年から一八八二（明治一五）年にシュトラスブルク大学に再び留学し、帰国後、東京大学で生理学を教えた大沢は、日本における生理学の開拓者と目されている。なお、一八八八（明治二一）年に制定された学位令の規定にもとづき、最初に博士となった人物のうち一人が大沢である（泉編 2012 : 109）。大沢は、「医者ノ方カラ御話シヲシマシテモ婚姻ト云フコトハ随分重大ノ問題」であり、「血族婚」「伝染病」「西洋人ト婚姻シテ人種ノ改良ヲシヤウト云フ論」等、様々な問題があるものの、この講演では、「婚姻ノ年齢」について言及したいと述べる（大沢 1890 : 517）。大沢は、適切な結婚年齢としてこれまで学者たちが挙げてきた事例についてまず触れている。古代ギリシャではプラトンは「男ハ三十歳女ハ二十歳」だとし、アリストテレスは「女ハ十八歳男ハ三十七歳」だとした。しかしアリストテレスの説では子どもが成長するまでに父親が老い過ぎる。ローマ人は、「女子十二歳男子十四歳」としたもののこれでは早すぎだと大沢はいう（大沢 1890 : 518）。「余リ早スギテモイケズ又余リ遅スギテモ」ならないが、日本の場合、「女子ノ方ガチト早スギ」であり、早婚の場合、「当人モ又出来タ子モ弱イ」(大沢 1890: 518-519)。早婚者は、最初は「勢ガ良イ様」だけれども、通常であれば「花期美シキ夏」という人生の時期において、「新緑ヲ生ズル力」もなく、生まれた子どもも親譲りで体力が弱く、大抵両親よりも先に死んでしまう(大沢 1890:519)。また、「利口デナイ」者が「余計」である(大沢 1890:520)。では、なぜ日本では婚姻を急ぐのか。大沢は、その理由を「女子ハ母親ノ厄介モノ」だからだという(大沢 1890:520)。すなわち、母親は「監督ノ行届カヌコト」があることを恐れ、早く婚姻をさせ、「婿ニ監督」させて「責任ヲノガレル」のではないかと大沢は述べる(大沢 1890:520)。母親の責任とは何なのか、大沢は明言していないが、おそらく、性的な逸脱を指すのではないかと推察される。

また、男子が婚姻を急ぐ理由も、性行動の管理という目的によると思われる。すなわち、「息子ガ放蕩」をすると、両親は「嫁デモ取ツタラ」「身持モ直ル」と考え、婚姻を急ぐのだという(大沢 1890:520)。江戸期の上層社会の人々は、厳格な性規範を有しており、子女の性行動を管理する目的で早婚を奨励した。これが明治二〇年代の人々、とりわけ士族や、あるいは社会の支配層の人々の性規範に、影響を残していても不思議はない。この点について、詳しくは後述する。

では大沢は何歳での結婚を望ましいと考えたのだろうか。「十分ナ統計」に基づくものではないが、日本人の結婚年齢は「先達テ調ベタ所デハ女子ハ満十七歳位、男子ハ二十三歳位ト二十七歳位ノモノガ一番多ク」(大沢 1890:521)、しかし、結婚するのはなるべく遅いのがよく、「女子ハ満十八歳以上男子ハ満二十四五歳以上ガ適当」だとする(大沢 1890:521)。

本章第一節で言及した通り、『婦人衛生雑誌』には、三島通良による「女子の健康は国家の健康なり」（一八九一〔明治二四〕年）と題した記事が掲載されている。より詳しく見てみよう。

尚ほ緊要の問題ハ早婚《はやよめいり》の弊之なり。（中略）教育上に於てハ其不行届なるを以て、人の妻となり、一家を治ること能ハず、衛生上に於てハ其身体の未然なるが為に、強壮《じょうぶ》なる小児を産むことを得ず、且つ之を教養することを得ず、然るに始に之を好みて配したる人、多くハ常に後に至りて其不完全なることを責む、吾人ハ彼の幹の未だ肥えずして、生力の充分ならざる木を、急に他園に移植すときハ、未だ決して果実を結はざるを見る（三島［1891］1990：12）

早婚の女子は、教育上において「不行届」であり、妻となり一家を治める能力を持たず、また衛生上から見るならば身体の発達が十分でないため、「強壮」な「小児」を産むことができず、かつ「小児」の教育もできないと、三島は説く。

早婚を有害とみなしたのは医師だけではなかった。明治期の代表的な教育家たちも、早婚を否定し、その危険性を口々に説いた。

三輪田眞佐子（一八四三〔天保一四〕―一九二七〔昭和二〕年）は、『女子教育要言』（一八九七〔明治三〇〕年）で、早婚の害についてふれている。三輪田は、漢学者の父のもと、幼少より漢学の才を発揮し、二四歳のときに岩倉具視の内殿侍講を務め、一九〇二〔明治三五〕年には三輪田女学校を設立した人物で、著名な女子教育家であった（唐沢 1984a : 368-373、三輪田 2005、三輪田眞佐子先生五十年祭記念出版会編 1977）。

人は、生物一般の天性に基き、成長、成熟、及、老滅の時期を経過するものを、成長の時期に当りて結婚するは、戒むべきことにこそ。若、この天法を犯さんか、母、自、充分の発育を遂ぐること能はざるのみならず、その生るゝ児童は、必、完全なる人とならんは難し。これ、全く、母子の不幸にして、施ひて、国家の元気を滅殺する緒ならんかし。（三輪田 1897 : 114）。

三輪田は、「成長の時期」に結婚することを戒めている。もしこの「天法」を犯したならば、母親自身が十分に発育を遂げることができないだけでなく、生まれてくる子どもは「完全なる人」となることが難しいのだと述べる。これは「母子の不幸」であるだけではなく、「国家の元気を滅殺」することにつながるのだという。では何歳での結婚が望ましいのか。

満十五才以上の結婚は、国法の、之を制裁する処にあらざれども、しかも、身の健全を考へ、児の強壮を思はゞ、須く、丁年に達して結婚するをよしと覚悟すべし。（三輪田 1897 : 115）

三輪田は一五歳以上の結婚は国の法律では認められているものの、身体の健全や生まれてくる子どもの「強壮」を考えると、「丁年」(二〇歳)に達して結婚すべきだと主張する。

下田歌子(一八五四(安政元)—一九三六(昭和一一)年)も、『女子の衛生』(一九〇六(明治三九)年)で、早婚を否定している。下田歌子は、一八八五(明治一八)年の華族女学校創立に際して、幹事兼教授および校長事務を代行し、一八九八(明治三一)年には帝国婦人会協会を組織して、その会長となり、一九〇三(明治三六)年には実践女学校の校長を務めた。また、一八九三(明治二六)年には、第六皇女常宮昌子内親王、第七皇女周宮房子内親王の御用係の内命を受けている(無署名不明a、無署名不明b、唐澤 1984b:898-902)。下田は三輪田と並び、明治期の日本でもっともよく知られた女性の教育家の一人であった。

下田は、法律で定められた結婚年齢は「最低限を示したもの」にすぎず、早婚は「虚弱白痴」を産み出すので、「男子は満二十四五歳女子は満十八九歳頃からを適当とする」と述べている(下田歌子 1906:137)。

日本女子大学校の創設者として著名な成瀬仁蔵(一八五八(安政五)—一九一九(大正八)年)も、同様に早婚を否定し、その著書『女子教育』(一八九六(明治二九)年)で、「彼の十五六の女子にして嫁して子を挙げたるものはその身体発育を止め、設けたる子も亦多病孱弱」であり、「民法中に規定制限する」ことが「上策」だと記す(成瀬[1896]1974:147)。

このように、医師たちも代表的教育家たちも、口々に早婚の害を説き、これを避けるべきだとした[13]。しかし、これほど強い口調で否定せねばならなかったということは、むしろ早婚が慣習として、一般

年齢	人数
14 歳未満	1
14 歳～ 16 歳未満	90
16 歳～ 21 歳未満	516
21 歳～ 27 歳未満	163
27 歳～	1

表 1　楠田病院患者の結婚年齢（無署名［1906］1991 より作成）

に浸透していたからではないか。

日本女性の結婚年齢は、何歳だったのだろうか。柳田国男が編集委員を務めた『明治文化史』（一九五四年）の「風俗編」は、明治前半期の農村の平均結婚年齢を、およそ「男十九歳―二十歳、女十七歳―十八歳」だと記している（開国百年記念文化事業会編 1954：351）。教育家が適齢期とみなす年齢よりも若い。

『婦人衛生雑誌』に掲載された、「日本婦人に適当の結婚年齢」（一九〇六（明治三九）年）は、日本橋濱町の産婦人科楠田病院の病院長が治療した患者二〇〇〇人のうち七七一人の結婚年齢を示している。これによると、一四歳未満一人[14]、一四歳以上一六歳未満九〇人、一六歳以上二一歳未満五一六人、二一歳以上二七歳未満一六三人、二七歳以上一人である（表1）。七割以上の者が二一歳未満で結婚しており、圧倒的に早婚が多い傾向を示している。「日本婦人に適当の結婚年齢」の無署名の著者は、この早婚の傾向に対し、医学上から見た適齢期は、「結婚後最も早く児を挙げ得る年齢は満二十才以上二十六才未満の間」であるから、「此期間を以て日本婦人の生理学上最も結婚に適当なる年齢と認むるを得べし」と記している（無署名［1906］1991：44–45）。楠田病院の調査に依拠するならば、当時、早婚は慣習として一般的であったということになる。これはなぜなのだろうか。

江戸期の上層社会の人々は、厳格な性規範を有していたため、早くに結婚することが望ましいと捉えていた。『女重宝記』（一六九二（元禄五）年）は、「男は十六七歳にてめとり、女は十三四にても嫁するならひとなり、上〳〵方ほどはやく婚姻を取りおこなふ事になりぬ。これみな親の心にわが子の不義の出来ん事を思ひ、気鬱・労咳の症を煩はん事を恐れて、婚姻をいそぐなり」として（艸田[1692]1993:82）、結婚前の子女が「不義」を行ったり、また「気鬱・労咳」等によって健康を害すことを恐れて、結婚を急ぐと記している。[15] というのも、江戸期の婚前の女子の訓育は、『和俗童子訓』（一七一〇（宝永七）年撰［出版年不明］）に、「十歳より外にいださず、閨門の内にのみ居て、織り・縫い・紡み・績ぐわざをならわしむべし。かりにも、淫佚なる事をきかせ、しらしむべからず。（中略）聖賢の正しき道を教えずして、戯ればみたる小うた・浄瑠璃本など見せしむる事なかれ。又、『伊勢物語』『源氏物語』など、其の詞は風雅なれど、かようの淫俗の事をしるせるふみを、はやく見せしむべからず」（貝原［1710]1977:11）と記されているように、性愛についての知識を与えず、家の中に囲い込むことが理想的だとされていたのである。しかし徹底的な禁欲は現実には無理があるため、結婚する年齢を早めることによって、家としての婚姻と性のコントロールとの折り合いをつけたと倉地は述べる（倉地 1998:145–146）。また、妻鹿淳子は、近世後期には農村でも結婚年齢が低下し、結婚前の娘は「家」に囲い込まれるようになったと指摘する。妻鹿は、娘を早期に他家に縁付かせることによって、「家」と「家」の婚姻の形を完成させ、娘に対する若者連中の影響力を排除しようとする傾向があったのではないかと解釈する（妻鹿 1993:58）。江戸期も家父長制社会であり、身分制度に立脚していた以上、秩序の保持のために（とりわけ武士など高い階層で）、女子の性行動は管理されていたと捉える方が自然であろう。[16]

しかし、明治期の有識者たちは、「人種改良」という問題から、早婚の慣習を望ましくないとみなすようになる。国家にとって有益な人材を育成するうえでは、女子にも一定の教育が必要だということは、国体主義者も欧化主義者も認識するところであった。[17]

『日本人種改良論 全』（一八八四（明治一七）年）で「雑婚」を説いた高橋義雄は、同著において「早婚ハ無知ノ人民未熟ノ情欲ヲ制セザルニ起ルモノニシテ（中略）最モ人種心身ノ発達ヲ害スルモノ」で「我邦ニテモ田舎ノ地ニテハ（中略）積習ヲ成シ」ており、「其婚姻ノ早キヲ栄トシテ誇ルモノナキニ非ズ」と記す（高橋 1884:133–134）。無知の人民が情欲を制することができないことから早婚がなされており、最も人種の心身の発達を害すものだと高橋はみなしている。

また井上哲次郎は、「内地雑居続論」（一八九一（明治二四）年）で「日本にては婚姻年齢の早きが為めに母たる者の教育を受くること頗る短し、随て又最も重大なる家庭教育を充分に為すこと能ざるのみならず、其身体の猶ほ未た充分に発達せざるに当つて己に婚姻を為すが故に、其の子孫たる者は益々身体虚弱にして、知識も発達すること能ざるなり」と述べている（井上哲次郎 [1891]1928:506）。

さらに、早婚否定論は、高等女学校用修身教科書にも記されており、明治政府が、学校での教育を通して、この説の普及に努めたこともうかがえる。たとえば、井上円了による『中等女子修身訓 三巻』（一九〇五（明治三八）年）は、「早婚は其の身體を害し、其の子の虚弱なるべきこと明かなる道理なれば、害を子孫に及ぼし、終に国民をして柔弱ならしむ」（井上円了 1905:69）と記しており、下田次郎は『新訂教科女子修身書　四巻』（一九一一（明治四四）年）で、「近来、年少にして、思慮未だ熟せざるに、早く己に結婚に就きて、思ひ煩ふ女子あり。こはまさしく、処女時代の進歩と、幸福とを阻害する所以にして、好ましき事にあらず」（下田次郎 1911：41-42）と述べている。

ダーウィン進化論と「性淘汰」

現代の感覚からすれば、教育を受けることができなければ、発達が不十分となるということは、当たり前のこととも思えるが、これはやはりダーウィン進化論に基づいた見解だと考えられる。

ダーウィンは、「女性は男性よりも早く成熟に達する」と考えていた（Darwin 1871b=2000：391）。荻野美穂は、ダーウィンの性差に対する見解をまとめ、それは「女は男よりも子供に近い原初的段階でとどまるのに対し、男は発達を続け、種々の第二次性徴を獲得していく」という考えに基づいたもので、さらに「生涯の遅い時期に獲得された形質は、男女どちらの子供にも等しく違伝するのではなく、同性の子どもが同じ年齢になった時に受け継がれるという主張であったと指摘する（荻野 2002：204-205）。つまり、ダーウィン進化論において、「男は強く優秀」とされ、一方「女は体力的にも知的にも弱く劣った」段階にまでしか発達できないとされたのである（荻野 2002：206）。

注意せねばならないのは、進化論の学説は、性別領域概念を正当化する機能を果たしたということである。一八六〇年頃からフェミニストたちは、教育、職業、結婚後の法的権利、社会的地位、性道徳等の面での不平等を指摘し、これらの改革を求める運動を展開した（荻野 2002：200-201、Russett

1989=1994:20)。フェミニストたちの挑戦に脅威を抱いた（男性）科学者たちは、この社会不安に対処すべく、社会における男女の役割の違いを正当化するような両性の差異を、根気強く詳細に調べあげたのである（Russett 1989=1994:20）。

進化論の学説は、性差別においてだけでなく、身体的な弱者、文化的に恵まれない人々、経済的な被抑圧者に対するありとあらゆる形態の個人的・社会的攻撃を、十把一絡げに正当化するのに用いられる便利な言い回しになったと、ダイクストラは指摘している（Dijkstra 1986=1994:262）。

西洋において、性別領域概念を正当化するために生み出された性差論は、日本に受容され、女子を早熟とする医科学の見解もまた、日本の教育界に流布した。

たとえば、下田次郎は『女子教育』（一九〇四（明治三七）年）で、次のように述べている。

女子は男子よりも智に於て早熟的である、これは女子の生理的発達と一致して居る、仏のジローネーは男女共学の学校の教師は十二年以下の子供では娘の方が怜悧であることを認むと云へり、野蛮人に於ても子供は皆智に於て早熟的である、人種の下等なる程その早熟及び発情期に於ける発達の息止が著しい、猿でもそうである、若い猿は成長した猿よりも人間的性質を余計有つて居る、詰り下等人種は小さい時には智慧なども白人に劣らぬが、発情期頃から段々鈍になり怠惰になり、役に立たぬ様になる、それで子供の出来るのは当てにならぬ、余り出来るのは往々止りの早い前徴である、「十で神童、十五で才子、二十過ぐれば並みの人」と云ふのは其れである、世には吾が子が年に不似合に好く出来ることを吹聴して、無理に稽古させ、精神的に子供を拷問する親があるが、甚だ間違つたことである（下田次郎［1904］1973：125–126）

女子は男子よりも早熟であり、一二歳以下の子どもであれば、「娘の方が怜悧」である。しかし「野蛮人」であっても子どもはみな早熟であり、「下等人種」は子どもの時には白人にも劣らない智慧を持つが、「発情期」から段々と「鈍になり怠惰」になる。したがって、早熟は、「止まりの早い」特徴であると記している。なお、下田次郎は、著名な女子教育家であるだけでなく、教育学者としての権威と影響力を有していた。帝国大学文科大学哲学科を一八九六（明治二九）年に卒業し、引き続き大学院で「教育の心理的基礎」を研究した下田は、文部省の命によって「女子教育法の研究」のために一八九九（明治三二）年より三年余り欧米に留学する。留学中の一八九九（明治三二）年に、東京女子高等師範学校教授を任じられてから、一九三六（昭和一一）年までの三七年の長きに渡り教育学主任教授として務めた（唐沢 1984b：945–949、皇 1973：463–466）。

また日本の男女については、先に示した三島通良による『日本健体小児ノ発育論』（一九〇二（明治三五）年）に基づき、「男子に在つて発育の旺盛なる時期は、六、七年、八、九年及び十三、十四年の間にあるが、女子にあつては七、八年、九、十年及び十一、十三年の間にある、この中後期は男子のそれよりも一、二年早きを見る、これは女子は男子よりも発達早くして（発情期早し）且その息止も亦速かなるに因るものである」と記している（下田次郎［1904］1973：12）。

また、ダーウィンは、性別によって「知的能力」は異なるとみなしていた。男女両性の心的能力を次のように位置づけている。

直観、素早い認知、そしておそらく模倣の能力は、男性よりも女性の方がすぐれていると一般的に認められている。しかし、これらの能力のうちの少なくともいくつかは、野蛮な人種の特徴なので、過去においてまだ文明が低かった状態のものであるのかもしれない。

男性と女性の間の知的能力の主なる違いは、深い思考、理性、想像力を必要とするものであれ、単なる感覚と手の動きを必要とするものであれ、どんな仕事においても、男性の方がすぐれた業績を上げるということに現れている。詩、絵画、彫刻、作曲と演奏の両方での音楽、歴史、科学、そして哲学の各分野において、最もすぐれた男性と女性の二つのリストをつくり、それぞれに5、6人の名前をあげようとするならば、それは比較にならないだろう。さらに、ゴールトン氏（Mr. Galton）がその著書『遺伝的天才（Hereditary Genius）』の中で明確に示したところの平均の逸脱の法則から、多くの活動に関して、男性が女性よりもなみはずれてすぐれたことができるのならば、男性の平均的な心的能力は、女性のそれよりも高いと考えてよいだろう。（Darwin 1871b=2000 : 399）

ダーウィンは、「男性の平均的な心的能力は、女性のそれよりも高い」と考えていたのである。これはすでに述べたように、ヴィクトリア朝の女性観を反映したものとみることができる。

明治期において、この男女の能力に関するダーウィンの解釈は受容されており、たとえば、加藤弘之は、『強者の権利の競争』（一八九三〔明治二六〕年）で、「従来諸学者ノ研究スル所ヲ見ルニ凡ソ女子ハ人種民種ノ如何ヲ問ハス又古今ヲ論セス其心身ニ於テ概シテ男子ヨリモ劣等ニ属スルカ故ニ決シテ男子ト全ク同一ナル権利自由ヲ享有スルコト能ハサルヘキノ理明瞭トナルコトヲ得タリ」と述べている（加藤［1893］1942：281）。

このように、女子は男子よりも劣等であるとされた。では、女子は進化することはできないのだろうか。

ダーウィンは、「女性も男性と同じような能力の水準に達する」方法がないわけではないという（Darwin 1871b=2000：401）。女子が能力を高めるためには、成人してからではすでに手遅れであるため、「ほとんど成人に近くなったころに、活力と忍耐を身につけ、理性と想像力とを最高にまで発揮するように教育されるべき」であり、「そうすれば彼女は、そのような能力を、主に自分の成人した娘に伝えることができるのだとみなした（Darwin 1871b=2000：401）。ただしダーウィンは「何世代にもわたって、このような能力にすぐれた女性が、結婚して他の女性よりも多くの子どもを育てることがない限り、女性全体をこのように育てることはできない」とことわっている（Darwin 1871b=2000：401）。つまり「女性全体」を平均的に見ると「男性の心的能力」よりも劣っているとダーウィンは規定したのである（Darwin 1871b=2000：401）。

成人までに受けた教育が女子の能力を決定し、またその能力が娘に遺伝するというのであれば、早婚者の子どもは劣等ということになる。この前提に立てば、早婚は否定されねばならない。優良な子孫を得るうえでは、女子にも教育を授けねばならないとする進化論の見地から、成瀬仁蔵は『女子教育』（一八九六（明治二九）年）で次のように記している。

教育なるものは、過去に於ては、直接には父母、間接には祖先よりの遺伝により制限せられ、若くはその遺伝を利導し、将来に於て、直接には子女、間接には子孫に対し従前の遺伝の利導善化せられたるものを与へ、国民若くば人類の発達、進化を促すものにして、殊に母親の遺伝は、その子孫に最大の影響を及ぼすものなるを知らば、女子教育は新興国の一日も忽にすべからざるものなるや明なり。加之、日本の女子教育上、智育はその一大欠点なるをもて、之に充分の力を加へ、日本女子の進歩を希図し、兼ねて日本民族の進化を促さゞる可らず。（成瀬［1896］1974：65）

成瀬は、教育によって獲得した形質は遺伝すると考え、女子の「智育」を発展させねばならず、また「日本女子の進歩」は「日本民族の進化」を促すことにつながるのだと述べる。つまり、「智育」が民族の進化に寄与すると成瀬は捉えていたのである。

このように、医科学の学説に基づき、明治期の教育家たちは早婚を否定し、女子にも一定の教育が必要だとみなした。生殖可能な身体を持ちつつも、就学期にあって結婚まで猶予された期間は、科学思想に裏打ちされ、形成されたと解釈することができよう。

男女別学、男女別カリキュラムを構築し、女子の進むべきライフコースを、「就学、結婚、出産」とする道筋に定めようとしたのは、民族の進化と生殖能力の「効率的活用」という、国民国家形成の目的に基づいてのことだったのである。

第三章　「逸脱」者とはなにか——「懲罰」としての病と死

はじめに

日本民族の繁殖と国家の繁栄という目的において、女子の模範的なあり方として求められたのは、適切な教育を受け、十分な心身の発達を遂げたうえで、適齢期に嫁ぎ、良き妻賢き母として、民族の繁殖に寄与することである。

健康かつ賢い女子であったとしても、彼女が成長した暁に、その能力を国益のために活用しなければ国家の繁栄につながらない。国の命に忠実であるようにその「心性」[1]を育むことが必要である。成人を教育することは困難であるため、成長段階において良妻賢母という「規範」像を示すとともに、「逸脱」者が被る「懲罰」の表象をも提示し、忠良な国民として育成しようとしたのである。妻となること母となることから「逸脱」した者、あるいは「逸脱」可能性のある者が、罹患する「懲罰」としての病とはどのようなものだとされたのか、本章で考察することにしたい。

第一節　「懲罰」としての病

「月経」と病

そもそものところ、医科学は女子を虚弱で、いわば「潜在的な病者」だと捉えていた。女子は肉体だけでなく、精神的にも弱く、それゆえ男子と同等のカリキュラムに堪えることができないと医科学は位置づけた。したがって、女子にも教育が必要ではあるものの、その内容が良妻賢母となるという目的を超えた場合、心身を害する要因となると考えられていたのである。

先の章で、月経は「妊娠の本」とみなされ、女子にとって重要なものだと医師たちが位置づけたことを指摘した。しかし、同時にこれを身体に異常をもたらすものとも捉えた。初潮がおとずれる時期には、とりわけ細やかな衛生的、教育的配慮が必要だとみなされたのであり、この節で、そうした医師たちの主張を『婦人衛生会雑誌』(『婦人衛生雑誌』)から見てみることにしたい。

医師河島右一は「月経の話」(一九一〇(明治四三)年)で、「血量が下りるためには(中略)心臓の動作に異常を来すのであります、(中略)其他下腹部に四週間目に充血をするために便秘をする(中略)、其他膀胱の関係から尿利が頻数になつて来る、或は胃の症状を起す、」(河島[1910]1991a:4)として、月経時に生じる異常の具体例として、心臓、膀胱、胃腸の症状を挙げる。さらに、河島は「神経症状」について、「ヒステリーといふような症状が参ります」(河島[1910a]1991:4)と記す。河島は、月経は心身に影響を及ぼすので、「大切なる月経の養生法、又是に対する智識の欠乏、不養生といふことは延いて各個人に対する疾患を惹起すのみならず、終世御婦人方の幸不幸を来す基となる」ので、「十分なる注意」を持つ必要があると説く(河島[1910a]1991:2)。

京都府立医科大学の精神医学教室の開祖である島村俊一(一八六二(文久一)—一九二三(大正一二)年)は(岡田1992)、「精神病の原因並に其の予防法に就て」(一八九一(明治二四)年)で、一五、六歳を注意の必要な時期だと捉え、以下のように述べている。

女子の十五六歳は則ち春気発動期と云つて、身体の一変する時である、男子は主に喉頭の変化を起すだけのやうに考へますが、婦人は此の時期に際しまするると、身体がマルで変つて仕舞ひます、而して其変じまする当時まで有りません所の現象が顕はれて参る、則ち月経と名づけます、此月経には余程精神の関係を持ちまする事故、充分に注意を仕なければならん（島村［1891］1990：24-25）

「十五六歳」の女子は、「身体がマルで変わつて仕舞ひ」、そして「月経には余程精神の関係」を持つゆえに、注意しなければならないと語る。

島村は次のように続ける。

此月経の変化から致して其際多少に感動を受け、為めに発狂をした者が有るので御座います、茲に私の見ました患者の写真二三葉を持つて集りましたから御退屈ふせぎに皆様方の御覧に入れませう。（写真を示す）只今御覧に入れた写真の狂人は一人はヒイステリイ、一人は騒狂と云ふので御座いますが、其発狂の原因を探つて見ますと、殆ど今御咄《はな》し仕た様な事から来たので御座います。ソウ云ふ気狂は医師が月経の工合を能く致しまするると、従つて精神病も癒ります事が間々御座います。（島村［1891］1990：25）

月経の変化から「感動」を受け、「発狂」した者がおり、したがって「月経の工合」を医師が治療すると、精神病が治ることがあると記す（なお、島村は、講演中に患者の写真を聴衆に提示したようだが、『婦人衛生雑誌』の講演録にはその写真は掲載されておらず、どのようなものであったのか具体的に知ることはできない）。

また、荘司秋次郎は、「衛生思想の特に女子に必要なる理由」（一九一六（大正五）年）と題し、次のように記している。

青年期に入りますと、女子の方には種々の危険が多くなつて参ります。

第一には初経、即ち月経が始まります。此時期には身体並びに精神上に著しい変化が起りますので、特に気をつけなければなりません。小児期には何事もなく育つて参りましても、此の時期になりますると、種々の神経症状が現はれる、殊に神経病、精神病などの遺伝があるとか、素因があるとか云ふ場合では著しくそれが現はれて来るものであります。（荘司［1916］1992：25）

月経がはじまると、小児期には問題がなかった女子も神経症状が現れ、とりわけ「神経病」や「精神病」の遺伝がある場合は、より著しくこれらが現れてくると荘司は述べる。

また、榊俶（一八五七（安政四）―一八九七（明治三〇）年）は華族会館婦人衛生会で、「若き婦人の精神病」（一八九六（明治二九）年）と題し、「精神病と年齢の関係」について詳細に述べており、その講演録を見てみることにしたい。榊は、日本最初の精神科教授であり、一八八〇（明治一三）年東京大学医学部を卒業し、一八八二（明治一五）年より一八八六（明治一九）年にドイツに留学し、一八八六（明治一九）年より帝国大学医科大学教授、一八八七（明治二〇）年に東京府癲狂院（後に巣鴨病院[2]と改名）医長を兼任、草創期において精神病、精神衛生、小児精神論、看護法を講じ、剖検、司法精神鑑定など幅の広い活動を行なった人物である（岡田 1987：163-217）。

　榊は人生の区分の仕方として、「胎生期」「生まれてから凡そ十一歳位ゐまでを小児期」「満十二歳から二十歳に至るまでを、破瓜期」「二十一歳以上四十五歳迄が成年期」「四十六歳から五十五歳迄が更年期」「ソレ（引用者注：更年期）から先が老年期」という六期を示し（榊 1896b：6）、そのなかで最も精神衛生にとって危険な時期について、「殊に若き婦人方……特別に若きと云ふことを入れましたのは、此時が最も衛生上必要の時期である、ソレは段々後に細かく御話を致しますが、婦人方は小児から成人になりまする其遷り往く時が最も危険で有るのでございます」（榊 1896b：1-2）と述べる。すなわち、榊は、「婦人」にとって最も衛生上の配慮が必要な人生の時期を、「小児から成人」へとうつりゆく時だと主張しているのである。

　そしてなかでも「精神病者の数の増す年齢は、即ち破瓜期」であるとし、なぜならば「身体が一変する、即ち一人前の女子に成る時」なので、「身体の烈しい変動と共に、精神も変動する」と述べる（榊 1896b：6）。「十二歳以上二十歳以下」では「心が大へんに荒くなり」「顛狂即ち乱暴をする精神病」になり、「二十一歳から三十歳」には「ヒステリア」、となる。「ヒステリア」は「神経病」で精神に異状が無い、処が是れが漸々に募ツて」いくと、「真個の発狂」となる。ヒステリアは「二十歳以前から萌芽は有」るのだとし（榊［1896b］1990:8）、その様を次の様に記す。

少しく物に駭いて全身の痙攣を起し、或は皮膚の感覚に異状を起し或は腹腔内に一種の感を抱き、或は逆上《のぼせ》、或は脳充血を起し易くなる等の事が有ります、ソレ等の事は大概月経と共に結託して来る。既に前から爾う云ふ萌芽があツて、ソレが段々進むに従ツて発狂になるので有ります。デ実際に照して看まするると、臓躁鬱即ち「ヒステリア」から来たる精神病は、若き婦人に一番多く在るのでございます。（榊［1896b］1990:8-9）

全身の痙攣、皮膚の感覚の異状、腹腔内に違和感を抱く、逆上、脳充血等の症状がヒステリアの症状であり、また榊は月経と「結託」して現れると述べる。また、ヒステリアから精神病となる患者は、「若き婦人に一番多」いと記す。このように、初潮を迎えた時期は、心身を害しやすいとする学説は、当時医師の間で「定説」とみなされていたのである。

「ヒステリー」という病

榊、島村等は「若き婦人」がかかりやすい病としてヒステリーを挙げ、またこの病を月経と結びつけて語った。明治期の医師によるヒステリーに関する知識は、西洋医学に学んだものであった。

西洋において、ヒステリーは「婦人病」として古くからよく知られていた。ヒポクラテスがその著作において「婦人病」について触れた際、子宮が体内で動き回ることで、「腹部内の呼吸の通路を遮断」するという「子宮の窒息」という症例について記しており、このヒポクラテスの理論を今日のヒステリーに関する「先史」と、エティエンヌ・トリヤは位置づけている（Trillat 1986=1998:16-24）。ヒポクラテスの友人であったプラトンは、「適齢期であるにもかかわらず母胎が不妊」だと、子宮は「体内であらゆる方向に動き回り、空気の通路をつまらせ、呼吸を妨げ、身体をいちばん苦しい状態におとしいれ、身体にあらゆる種類の病気を引き起こす」（Trillat 1986=1998:23）と捉えた。

近代日本の医師たちは、体内で子宮が動き回ることで、体調不良が起きるとする西洋の学説を支持した。たとえば、山田鉄蔵による「神経質の話」（一八九九（明治三二）年）には、次のように記されている。

> ヒステリーといへば多くは御婦人の疾病ひで、御腹から玉が胸の方に上がつて来るやうだとか、呼吸が止まりさうだとか、或は眼眩がする或は悲しくなるとか、原因が無くして可笑しくなるとか、総て聴いた事でも見たことでも気に叶はむとか、或は又痙攣を起す、所謂癪と云ふ様なものでございますとか、其他種々色々の兆候を現はす処の疾病で御座います。（山田［1899］1991:5-6）

またふわ君と名乗る医学士による「月経時の摂生」（一九〇八（明治四一）年）は、次のように記している。

○婦人の生殖器殊に子宮と云ふべき部分は、此広い骨盤の中にあつて、周囲の組織とは互に緩かに結合されて居るものであるから、平素健康な時でも或度迄は前後、左右、上下の方向に動き易きものである。然るに月経中及び月経の前には子宮に流れ込む血液の量が増してくるから、平生よりは其重量も増すものである。
○されば月経の時に当つて過度の運動及び労役《ほねおり》をして、下腹部に力を入れる時には、容易に子宮の位置を変へ、或は其常形《かたち》を変ぜさせる事のあるのは誠に見易き道理である。これを毎日反覆せば遂に全く子宮病となり、月経不順や、白帯下や、腰及び頭の痛みや、ヒステリーや、不妊症などの原因となる事がある。（ふわ君［1908］1991：11）

山田は、ヒステリーの兆候を「御腹から玉が胸の方に上がつて来るやうだとか、呼吸が止まりさうだとか」と説明し、またふわ君なる医学士は、「月経の時に当つて過度の運動及び労役をして、下腹部に力を入れる時には、容易に子宮の位置を変へ」ることになると記している。ヒポクラテス以来の西洋医科学における見解を、日本の医師もまた継承しているのだと見ることができよう。[3]

また、西洋近代のダーウィン主義精神医学は、「産む性」と「産まない性」は、精神的資質において別個の特徴を備えていると捉えた。たとえば、スコットランドの生物学者、パトリック・ゲディスとJ・アーサー・トンプソンは、細胞代謝に基づく性差の理論により、「男性は鞭毛をもつ精子のように攻撃的、闘争的で、創意に恵まれた存在」であり、「女性は卵子のように、まろやかで、利他的で、他を育む存在」だとした（Showalter 1985=1990:154）。そして「母親になることで彼女たちの本性は発揮」されるのだとし、一方「母親の役割に代わるものを求めたり、それに加えてなにか事を為そうとすると、その時に精神の異常が生ずる」と考えたのである（Showalter 1985=1990:156）。

近代日本の医学界においても、西洋からもたらされた知識を基盤として、産む性であることが女子の性質を規定し、健全であれば利他的な性質である愛情として現れ、しかし健康が阻害されると、「ヒステリー」に代表される病として発現するとみなした。また、良妻賢母という役割から逸脱することが、ヒステリーの原因だとする学説をも受容した。

『婦人衛生会雑誌』（『婦人衛生雑誌』）には、こうした観点に基づいて記された記事を、複数見ることができる。

たとえば、ふわ生なる筆名の医学士による「婦人の健康」（一九〇九（明治四二）年）と題した論説は、次のように記している。

平和なる一家庭の母として、幸福なる生涯を送るのは、凡て婦人の理想であります。家庭の平和円満が婦人の健康を輔くる事は非常であります、故に巧みに家政を執り、一家に風波を起させぬ様にするのも亦た婦人の健康策であります。然るに言を社交にかり、家庭の天地をせましとして／家を留守にする婦人／もあるが、思はざるの甚しきもので、徒らに時を費し、身心を労し、病気の種子を播くのみであります、か丶る婦人に多く見るは神経衰弱と、ヒステリーと苦情と小言のみ多い若い老境とて、御当人は云ふ迄も無く家内一同の不幸は甚しきものであります。（ふわ生［1909］1991：13-14）

家庭の平和円満に尽くすことが「婦人の健康」を助け、一方「家を留守にする婦人」は健康を害す。ではどのような病にかかるというのだろうか。ここでふわ生は、神経衰弱とヒステリーを挙げる。良妻賢母という模範的役割から逸脱することは単に悪いことであるばかりではなく、病気という「懲罰」が与えられるというわけである。

では、ヒステリーの症状は、どのようなものだと考えられていたのだろうか。西洋医学において、ヒステリーの症状は、発作、失神、嘔吐、呼吸困難、すすり泣き、高笑いをはじめ、痙攣、心悸亢進、超覚視覚障害が現れたり、無意識状態に陥ることもあり、次々に症状が変わるとされていた（Showalter 1985=1990：164-165）。

無署名による「「ヒステリー」と云ふ病気」（一九一八（大正七）年）では、この西洋医学の知見に基づき、ヒステリーは「病型が千差万別で、その病状も実に変化窮りなき一種の官能性疾患」であり、「固有の症状」がなく、患者は「様々の苦情を訴へる」ことに特徴があると説明している（無署名

[1918]1992:25)。

また日本での受容に際して、従来よく知られていた「血の道」との結びつきを見ることができる。「「ヒステリー」という病気」は、「婦人の方で屡〱気が鬱ぐとか焦ら〱するとか、兎角気が変り易く、又頭痛がするとか、処々痺れるなどと云ふ場合には、世間の人は昔は血の道、今は直ぐ「ヒステリー」と申します」(無署名 [1918]1992:24–25)と記している。また婦人衛生会の会員による質疑に対する回答欄である「質疑欄」(一九〇五(明治三八)年)にも、次のように記されている。

問 私の知人兎角血の道がつよく物を心配すること多く何ほど慰めても治り申さず右は如何致せば治《じ》療《ゆ》致し候ものや何卒御教へ下され度願上候/答 此病は女に多くある俗に申す血の道の高じたもの即ち「ヒステリー」と云ふ病ひでしやう此病ひは徐々に発するものですから一寸と分りにくいのです(無署名 [1905]1991:49)

この無署名の回答者によれば、「血の道の高じたもの」が、「ヒステリー」という病なのだという。矢数道明によれば、「血の道」は日本では江戸時代には一般化していた言葉であり、近代医学において「更年期障害」「自律神経障害」という言葉にとってかわられるまで広く用いられた(矢数1958:249–250)。僧有隣撰述『福田方』(一三六二(貞治元)年)、香月牛山『牛山活套』(一七四〇(元文五)年)、原南陽『医事小言』(一八一五(文化一二)年)、加藤謙斎『医療手引草別録下』(一八二一

（文政四）年）、水野沢斎『養生弁』（一八四一（天保一二）年）、尾台榕堂『類聚方広義』（一八五五（安政二）年）等の漢方文献を事例として、「血の道」の症状についての解釈の変遷を矢数は明らかにしている。[4] すなわち、「血の道」とは、月経時の異常、産褥時および産後の異常、婦人月経閉止期の異常を意味し、婦人三六疾の「血の病」中に混入していたものが、時代が下がるごとに、他の気質的疾患から独立して独自の神経症状として解釈されていったのだと述べる（矢数 1958:249-251）。なお、近代日本では「中将湯」等、「血の道」に効くとされる薬が複数市販されており、当時この病が一般によく知られ、服薬での治療の対象とされていたことを示している。

図3　中将湯広告『東京朝日新聞』1911年4月2日

「中将湯」は、一八九三（明治二六）年創業の中将湯本舗津村順天堂（現株式会社ツムラ）による漢方薬で、株式会社ツムラ取締役会長津村重舎（二代）によれば、初代津村重舎の母の実家に伝わる家伝薬をもとにし、医学博士で産婦人科医の佐伯理一郎が処方したものだという（津村 1993:22-26）。『東京朝日新聞』に掲載された「中将湯広告」（一九一一（明治四四）年）は、次のように記している（図3）。

何故沈み給ふ？
心浮き立つ
花の盛りに
頭痛の悩みかめまいの困《こう》じか
そも又子宮血の道の煩ひか
さらば今徒らに
煩ひ給ふ御婦人は
たつた一足の目の前に
天下の名薬
中将湯あるを知らざるか
中将湯飲めば
どんなに重い病でも
一服毎に消へ失せて
あとは長閑な
春心地（無署名 1911：6）

花の盛りに、沈んでいるのは、なぜだろうか。頭痛、めまい、あるいは「子宮血の道」によるものだろうか。中将湯を飲めば、どんな重い病であっても消え失せ、長閑な春心地が訪れるとうたう。また、「中将湯主治効能」は、同広告によれば、以下の通りである。

●子宮病子宮内膜炎にて白帯多く前たゞれ又下腹腰足の引つり痛人
●婦人神経（ヒステリー）血の道にて気鬱ぎ癇高ぶり物を苦《くに》し夜眠ず
●月経不順月経滞り等にて吹出物多く又何となく身体悪き人
●逆上《のぼせ》頭痛眩暈肩こり腰足冷に●息切れ動気強く手足痺れ水腫
●十七八歳になりて月経なく血ぶとり又月経の前後に下腹痛む人
●白帯赤帯下多く顔色蒼白き人●冷症にて難産流産の癖ある人
●産前何となく常ならざる人、唾吐、産後古血の滞り或は日立悪く
●此外子宮血の道月経不順に起因する諸病にてぶら〳〵と悪しき人（無署名 1911 : 6）

中将湯は、子宮に関わるあらゆる症状に効能があるとされた。その中に、「婦人神経（ヒステリー）血の道」で、気が塞ぐ、興奮する、夜眠れないといった症状に効くと記されている。

大衆の間で知られていた「血の道」という病と、ヒステリーという西洋医学の受容に伴って知られるようになった病とが、結びつけられ流布したことを、この広告から知ることができよう。

血と穢れ

ここまでで見てきたように、月経時の不調と精神の病は重ねて語られた。しかしなぜ、月経は有害なものとみなされねばならないのか。これを理解するためには、母系制から父系制への転換にともない生じた、女性蔑視について触れねばならない。

エンゲルスによる『家族・私有財産および国家の起源』(一八八四年)を、ジェンダー史の視点から解釈した若桑みどりは、農耕・牧畜の発達による富の蓄積から生じた私有財産の子孫への委譲をめぐって「母の子」が相続する母系制から「父の子」が相続する父系制に変化し、そこで「嫡出の男子」を確保するという目的のために、家父長が家族の「女性の性」を支配するようになったと指摘する(若桑 2000b:19)。支配者となった男性は、原始の社会で崇敬され畏怖された「女性の生殖力」を、崇敬されるべきものではなく、かえって軽蔑すべき、血によって汚されたものであるとした(若桑 2000b:15)。

旧約聖書には、癩病や食肉の清浄・不浄に関する浄めの儀式の間に無理やりさしはさむようにして、出産の不浄を祓う儀式が見うけられる。旧約聖書のレビ記第一二章で、子どもを産んだ女は彼女の「穢れ」が他の人々へ感染しないように、儀式によって浄められなければならないことが語られている(Eisler[1987]1988=1991:181)。月経も穢れたものだとされた。レビ記第一五章は、「女に流出があって、その身の流出がもし血であるならば、その女は七日のあいだ不浄である。すべてその女に触れる者は夕方まで汚れるであろう」と記している(日本聖書協会 1992:157)。

日本においても、古代社会には「血穢」という概念はなかった。「血液」は古代では豊穣をもたらす強烈な力能を持つものと考えられていた。播磨国讃容郡では、玉津日女命が鹿を捕まえ腹を割き、「その血に稲種き《ま》」、一夜のうちに苗が生えたので、植えさせたと伝える。また、賀毛郡雲潤里では、太水の神が「吾は宍の血をもちて佃る」ので、川の水はいらないと答えたという（西山 1990：195–196）。

月経も不浄だとはみなされていなかった。『古事記』（七一二〈和銅五〉年）には、日本尊命が東征の帰途、婚約者美夜受比売のところに立ち寄った折りに詠まれた歌に、月経についての記載がある。すなわち、美夜受比売の外衣に月経による血がついているのを見た日本尊命が、「汝が着せる　襲衣の襴に　月立ちにけり」と詠むと、美夜受比売は「高光る　日の御子　やすみしし　吾が大君　あらたまの　年が来経れば　あらたまの　月は来経行く　うべな　うべな　うべな　君待ち難に　我が著せる　襲衣の襴に　月立たなむよ」と答える。この歌の意は、「空高く光る日の神の御子よ、国の隅々まで領有されるわが大君よ、（あらたまの）年がきて去ってゆけば、（あらたまの）月はきて去っていきます。まことにまことにまことに、あなたを待ちかねて、私の着る襲衣の裾に月が立たないことがありましょうか」というものである（山口、神野志校注・訳 1997：230–231）。月経と神事との隔離の観念はうかがえない（西山 1990：195）。「月」とおおらかに呼び交わされるこの歌の交歓の様子は、月経が忌み嫌われる事柄ではなかったことを示している（小野 [1992]2000：67）。

しかし、九世紀中頃には神事において、血そのものが穢とみなされるようになる。それは、血が死を印象づけるものと捉えられたことによると、西山は述べる。したがって、男性が（怪我等で）出血した場合も、穢とみなされた。しかし一〇世紀後半には怪我による出血はそれほど強く回避されなくなるのにもかかわらず、月経を不浄とする見方は、一〇世紀中頃以降、都市貴族の間で急速に拡大する（西山 1990:196–199, 204–206, 215）。つまり血を穢れと見るのとは異なった次元で、月経が不浄とされたのである。

たとえば、『蜻蛉日記』（九七五〈天延三〉年頃）に、月経を不浄とする観念が示されていると西山は解釈している。九七一（天禄二）年六月、右大将藤原道綱の母は夫兼家の仕打ちに堪えかねて、般若寺にお籠りをした。そこで、「不浄のことある」にもかかわらず帰れず、寺から「さし離れたる屋」に引き下がった。西山はこの「不浄」はもちろん月事だと指摘する（西山 1990:205）。

また、『風雅和歌集』（一三四九〈貞和五〉年頃）で、和泉式部は「はれやらぬ身のうき雲にただよひて月のさわりとみるぞかなしき」と詠っており、平安時代には月経を「悪しきもの」と位置づけていると小野は指摘している（小野 [1992]2000:69）。松本清一もまた、『古今和歌集』（九一三〈延喜一三〉年頃〈成立〉）でも月経は「つき」という言葉で表されているが、その後の『倭名類聚抄』（九三一〈承平元〉―九三八年〈承平八年〉）の中では、「さわり」という言葉が用いられ、平安時代中期に描かれた『宇津保物語』（一〇世紀後半〈平安時代〉）、『落窪物語』（一〇世紀末頃〈平安時代〉）には「けがれ」という明らかに不浄視した表現が用いられていると指摘している（松本 1999:16–17）。

なぜ、この時期、月経が不浄とされたのだろうか。成清弘和は、「血穢」という概念は、祭祀の場所から女性を退場させ、ひいては親族組織を変更する（家父長制を定着させる）ために、当時の政治支配層が創出したものだと解釈する（成清 2003：102–103）。

若桑は、支配と被支配という関係を維持しようとする、すべての社会（洋の東西を問わない）で、「魂よりも身体のほうが堕落しているという考えは（中略）女性差別と結びつく」と、アイスラーによる『聖なる快楽』（一九九五年）に依拠し指摘する。すなわち、精神優位の原則にのっとって、「精神的財産を生産する性を男性」とし、これに対して「肉体を生産（再生産）する女性」は価値を低下させられたのである（若桑 2000b:160）。精神の病と月経とを結びつけて語る近代医学の学説も、「肉体を生産（再生産）する女性」を劣っているとみる、父系制下のジェンダー観の系譜に連なっているのである。

第二節　学校による管理

学校と月経

伊賀駒吉郎（一八六九（明治二）―一九四六年）は、『女性大観』（一九〇七（明治四〇）年）で、「月経の初綻即ち破瓜期は我国の婦人では平均十四年七ヶ月とのこと。されば早きは十三歳、遅くも十六歳頃に波綻するのが通例で之れより早くなつたり遅くなつたりするは共に異常である」（伊賀 1907：204）と記している。「十三歳、遅くも十六歳」という、高等女学校在学期間に該当する年齢において、初潮を迎えることが通常のことだとする見方が、教育家によってなされていたのである。中等教育を受ける年齢と初潮を迎えるのは同時期だと当時捉えられていたこと、したがって女学生は、基本的に月経の影響から免れることはできないと考えられていたことを、この資料は示している。

当時の医学の学説に基づくならば、学校で月経になることは、女子の心身に悪い影響を与えるということになる。しかし月経の到来を避けることはできない。女子教育の制度下の過程で、国家は月経をどのように扱うべきだと考えたのだろうか。

一九〇〇（明治三三）年に発令された、文部省訓令第六号は次のように記している。

　女子ノ師範学校及高等女学校ニ在学スル年紀ハ心身ノ発育上最モ注意ヲ要スル時期ナリ故ニ右等ノ学校ニ在リテハ女生徒学業ノ成績ハ平素ニ於テ便宜之ヲ調査セシムルコトトシ時期ヲ定メテ一時ニ全学科目ノ試験ヲ行ウコト勿カラシムヘシ又月経ノ間ハ其ノ生徒ニ限リ体操科ヲ課セシメサルヲ要ス（文部省［1900］1977 : 266）

師範学校そして高等女学校に在学する女子は、「心身ノ発育上最モ注意ヲ要スル」時期であるため、成績は平常点で判断し一時に全学科の試験を行ってはならず、また月経期間は体操をしてはならないと述べる。

下田歌子は『女子の衛生　全』（一九〇六（明治三九）年）で、女子が「大人一人前になる前後の年齢」について、次のように述べている。

女子の成熟期、即ち大人一人前になる前後の年齢である。其れは人によつて多少の遅速があるが、先づ早くて、十三歳遅くて十七八歳位まで、其余は取り除けである。此時期は、最も安静を要するのであるから、学校へ通はせても、余りに、学課が重過ぎたり、精神を使ふことが励し過ぎたりするやうであれば、能く斟酌をせねばならぬ。又、頭痛、眩暈をしばしば起こしたり、甚しく鬱いだり、急にから〱したりするやうな事があつたら、医者の診察をも請ひ、精神の保養をもさせねばならぬ。さて、其時期に於いて、毎月ある一定の日数、即ち三日間ばかりは、体操を停止して過激な運動をせぬやうにするので、猶且虚弱な人や、又左様で無くても、其頃に異常な徴候があるやうならば、三四日間づゝは、休学をさせて、安静にして置くべきである。（下田歌子 1906：21‒22）

下田歌子は、「成熟期」の女子は、「毎月ある一定の日数」において、「体操を停止」し、「虚弱な人」や「異常な徴候」があるようならば、「休学」し「安静」にしなければならないと述べる。「月経」という言葉を用いてはいないものの、同著の続く箇所で、下田は「女子には毎月きつとある事」という言葉によって言いかえていることから（下田歌子 1906：23）、これが月経を指すということは明らかである。一九〇六（明治三九）年当時、下田歌子は実践女学校校長であるとともに、学習院教授兼女学部長を務めていた（無署名不明 a）。当時の下田の社会的地位から考えると、月経時での安静に関する主張は、彼女が勤務する学校での実践を踏まえての発言と捉えることができよう。

このように、月経時の女子が学校で学ぶにあたって、平常とは異なった配慮が必要だと考えられていたのである。

女子体育状況調査

高い生殖能力を備えた母体へ女子を育成するためには、月経の管理が必要だと政府が捉えていたことは、文部省が全国の女学校を対象として、月経に関する統計調査を行ったことに顕著に示されている。

それは、一九一九（大正八）年に文部省が実施し、一九二〇（大正九）年に編纂がなされた『女子体育状況調査』であり、そこでは月経に関する調査もなされている。調査は全四項目からなる。

（一）月経に関する心得方指導、月経時に於ける生徒の取扱（授業免除等）月経に関する調査
（二）服装の制定
平常服、運動服、頭髪の始末
（三）正規の体操時間外又は休暇中に行ふ諸運動
始業前、休憩時、放課後に行ふ運動、遠足、修学旅行、水泳、臨海教育等
（四）最も奨励せる運動（文部省編 1920:1–2）

ただし、質問項目は定められておらず、各学校の判断に任せられていたので、統一的な調査結果を示すものではなく、学校によって回答の精粗に開きがある。[5]

対象は、全国の女子師範学校、高等女学校（実科高等女学校をも含む）、女子実業学校である。期限までに報告のなかった県も多い。加藤朋子は、四項目のうち一は一九道府県、[6]二は未掲載、[7]三は三七道府県、四は四五道府県の回答があり、したがって一の回答が際立って少ないと指摘し、その理由を次のように解釈している。まずデータ集積に比較的時間がかかることから対応できなかったこと、しかし何よりも月経にまつわる事象はケガレの領域にあり、公の場で明らかにされるべきものではなく、ゆえに指導や調査を行うことがためらわれたと加藤は解釈する（加藤朋江 2002:53）。だが一方で、緻密な回答を寄せた学校も見られる。

なお、報告書が出版された一九二〇（大正九）年は、高等女学校令の改正がなされた年であり、修業年限は四か年から五か年を基本とするよう改められ、[8]従来の専攻科の他に新たに高等科を設置し、それぞれ修業年限を二か年または三か年とした（文部省 1972a:476）。女子中等教育制度の拡張という時代状況において、就学中の女子の健康に対する配慮が一層必要だとみなされたのだと考えることができよう。

この時期に全国調査がなされたその社会的背景として、加藤朋江は、乳幼児死亡率の高さを挙げている（加藤 2000:57）。たしかに、調査の前年である一九一八（大正七）年に、生後一カ年未満の死亡数が一〇〇〇に一八八・六と、日本の母子保健統計上、過去最悪を記録した。これは、インフルエンザ（スペイン風邪）が大流行したことによる。ただし、日本の乳児死亡率は、インフルエンザが流行する以前より高い傾向にあり、一九〇〇（明治三三）年には、生まれた赤ん坊一〇〇〇人のうち一五〇人以上が一年未満のうちに死亡しており、これは明治末までほとんど変わらなかった（厚生省医務局編 1976a:525、厚生省医務局編 1976b:7–10）。

一九二〇（大正九）年に、学校衛生関係法規が整備されていることも、この全国調査の実施と関係していると考えられる。「学校医ノ資格及職務ニ関スル規定」において、「運動ニ関スル事項」「職員生徒児童ノ健康状態」「病者、虚弱者、精神薄弱者等ノ監督養護ニ関スル事項」が挙げられている（文部省監修 1973:133）。同じ年に改正された「学生生徒児童身体検査規定」でも、「観察ノ要否ハ検査ノ結果身心ノ健康状態不良ニシテ学校衛生上特ニ継続的ニ観察ヲ要スト認ムル者」を「要」として選び出し、これに対し特別に注意と必要な処置をとることを規定している（文部省監修 1973:133）。

心身に異常を呈しやすいと近代医学が捉えた、中等教育機関に在学する女子生徒についても、継続的に学校医による「観察」と「監督」の必要な存在だとみなされ、そこで月経に関する実態の調査がなされた可能性を指摘することができよう。

学校の指導のあり方

月経について、学校はどのような指導を行っていたのだろうか。『女子体育状況調査』（一九二〇

（大正九）年）には、北海道が在校生に配布した印刷物「女子特別衛生に関する注意」が掲載されており、この資料から指導の一端をうかがい知ることができる。

凡そ人よく其の職分を遂け行ひ、人生の幸福を享けんとするには、先つ其の身体の健康を保つへきことは言ふを須たす。わけて女子は後来人の母となりて、其の体質を子孫に伝へ、又直接子女教育の任に当るへきものなれは、常に衛生に注意して、其の健康の増進をはかるへきこと極めて必要なり。抑も、女子は十四五歳に達すれは、身体上に種々の変化を生するものにして中にも其の著くして、最も注意すへきを月経とす、月経とは大約二十八日目毎に、子宮より来る出血にして、四五日及至一週間継続するを常とす。此の期に於ては、一般に筋肉の運動も、神経の作用も衰へ又胃の作用も振はさるを以て、気鬱し、手足疲労し、食欲進まさる等、身体精神共に常の如くならさるものなり。又往々頭痛、眩暈、腰痛、腹痛等の異状を来すことありて、身体精神共に刺激せられ易く、些かの不養生によりても、疾病を起しやすきか故に、若し之に対する注意を怠り其の取扱ひ方を粗略にするときは、これか為めに健康を害し、甚たしきは終身不治の病根をも醸すことあり。されは此の時期に於ける養生法は女子たるものの、必ず心得置かさるへからさることなりとす。（文部省編 1920:3）

女子は後に母となり体質を子孫に伝え、子女の教育の任に当たらねばならないため、常に衛生に注意し、健康の増進をはかることが必要である。一四、五歳に達した女子は、身体に種々の変化があり、なかでも月経には注意せねばならない。月経の間は、「身体精神」ともに日常のようには働かなくなり、もし注意を怠り取り扱い方が粗略であれば健康を害し、「終身不治の病根をも」生じることがあると説明する。後に母となる女子が健康であるためには、月経時には何にも増して丁寧な配慮が必要だと、教え諭したことをこの資料は示している。このように、月経時の衛生について学校が説かねばならなかったのは、医師の推奨する、近代的な処置方法が普及していなかったことによる。

北海道は、月経時の手当として、「スキ、カイシ紙、又は、古綿、汚れたる布等を用ふるは、まことに危険にして、かかるものより恐しき梅毒の伝染する事あれは、これ等は一切用ひさる様にし、必す脱脂綿、ガーゼ、又は清潔なる柔き紙等を用ひて、其の上より丁字帯を施すへし。決して無理なる処置をなすへからす」（文部省編 1920:5-6）と記している。

当時、丁字帯、あるいは月経帯と呼ばれていたのは、今日でいうナプキン方式であり、これを用いないでどのように処置していたのか。北海道の回答に見られるように、布や紙を詰め込むタンポン形式が日本の民間の習俗では一般的だったと言われている。[9]

医師河島右一による私立大日本婦人衛生会での講演録「月経の話」（一九一〇（明治四三）年）は、本書の第二章第一節で、種族の繁殖という観点から取り上げた資料だが、月経の処置法についても講じている。「物を膣腔に詰めると云ふことをする方が多いのであります、（中略）炎衝を起すと云ふやうなことになつて取返の付かぬことになりますから、中に物を直接に入れると云ふことは避けて頂きたい（中略）外に物を当て置くことにして頂きたい」（河島［1910b］1991:4）と記している。この講演は、「（引用者注：婦人衛生会の）会長鍋島侯爵夫人を初め」とする「多数の貴婦人淑女方」たちが出席する場所であった（河島［1910a］1991:1）。その彼女たちに河島が「外に物を当て置く」方法を奨励していることから、この方法が明治期の上流階級においてすら、必ずしも一般的ではなかった可能性を示している。

興味深い回答は、奈良県女子師範学校の生徒によるものであり、「月経帯」を使用しているものは四七名、一方使用していないものが七七名となっている（文部省編 1920:43）。文部省による調査がなされた一九一九（大正八）年当時、義務教育以上の教育を受けることのできたのは、知的水準・経済的水準において恵まれた女子であった。その中でも、将来教員として女学生の模範となることが期待される師範学校においてさえ、医師の推奨する処置をしているものは少数派だったのである[10]。

『学校保健百年史』（一九七三年）によれば、相当年齢の女子に、女教員による月経の意義、衛生に関する講話を行う学校もあったものの、適当な印刷物を母親に送り母親から訓戒するという消極的な方法を取る場合が多かったという。これは、「性の問題、特に衛生については、年少児に事実を教えることは好ましくなく、まして女児の場合には実施困難なため、極力家庭をしてこの教育の補佐を行なわせしめた」ことによるという（文部省監修 1973:88）。

しかし、民間の習俗を否定し、近代医学に基づく処置方法を普及させるためには、家庭まかせにしておくわけにはいかない。そのうえで、まず月経に関する実態を明らかにせねばならず、それゆえに文部省は月経に関する全国調査を実施せねばならなかったのではないかと推察される。

また、学校での月経に関する指導は、医師との連携によってなされた。たとえば、北海道は「学校医の指導に基き家事科を担任せる老練なる女教師をして随時其の衛生及手当法につき説明指導せしめ又は学校主任教員をして之に当らしむること」と記している（文部省編 1920:1）。大阪府は「担任教員、体操教員又は学校医をして適当と認めたる時期に於て其の心得方及手当等を綿密に指導」しており（文部省編 1920:10）、静岡県立女子師範学校は「生徒入学の当初に於て特に女医を聘し女子特別衛生に関する講話をなさしむ」としている（文部省編 1920:45）。また島根県立松江高等女学校は、「舎監は学校医につきて適当の所置方法の指導を受く」と述べている（文部省編 1920:64）。医学の見解を基盤とし、学校が月経を管理したことを、この調査結果は示している。

また、一九二三（大正一二）年に、文部省学校衛生課より、「学校看護婦職務規定」の案文が都道府県知事宛に送られている。職務の第六項には「月経時ノ注意及処置ノ指導」が記されており、各県では県規則又は訓令をもって、当該県の学校看護婦職務規定を制定していった（文部省監修 1973:330）[11]。大正末から昭和初頭にかけて、医師や看護師との連携によって、月経指導がなされるようになったのである。ただし、北海道が生徒に配布した「女子特別衛生に関する注意」が示すよう、当時の学校は、月経が「子宮より来る出血」（文部省 1920:3）だと教え、月経帯での処置の普及に努めたものの、生殖や受胎の具体的な仕組みについては教えなかった。

「純潔」規範

なぜ性的な知識を与えることを避けたのだろうか。これは生殖に関わる知識を得ることが、性的な「逸脱」につながるとみなされ、怖れられていたことによる。家父長制の維持のためには、女子が結婚まで心身ともに「純潔」なままでいることが不可欠だと、近代日本では考えられていた。「妻」が貞節を破り、「夫」以外の子どもを産むと、嫡出子（男子）を家長とする家父長制は崩壊する。そこで近代日本の女子教育では、「純潔」を美徳と捉え、異性との交際を害悪とみなしこれを禁じた。この「純潔」性に関わる「少女」期特有の「規範」について、筆者は『〈少女〉像の誕生』（二〇〇七年）で言及している。したがって、詳細はそちらに譲り、ここでは概略を示すことにしたい。

すでに述べたように、近世においては、性愛に関する知識を与えず、家の中に囲い込むことが、理想的な女子の教育法だと捉えられていた。明治期に至ると、女子教育の形態は大きく変わることになる。まず、一八七二（明治五）年に公布された学制によって、初等教育に関しては男女双方に一応の均等の教育機会を設けることが定められた（高等女学校研究会編 1990:3）。一八九九（明治三二）年の高等女学校令の発布によって、各道府県一校の高等女学校の設立が義務づけられ、これ以前よりも、小学校卒業後の女子の教育機会が飛躍的に増大した（高等女学校研究会編 1990:87–91）。もっとも、女子中等教育は義務教育ではなく、中産階級以上の子女を教育対象と想定して制度化されており、あらゆる女子に開かれていたわけではない。数のうえでは少ないといえども、彼女たちは模範を示す存在となることが期待されていた。ただし、明治期においては、一割にも満たなかった、女子中等教育の進学率も、一九二五（大正一四）年には、約一四パーセントに上昇する（文部省 1971：20）。

女子教育の制度化は、教育の場所を家から学校に移し、良家の未婚の女子の行動範囲を拡げ、かつてであれば「深窓」にいて社会に顔を出すことのなかった彼女たちの姿が、衆目に晒されるようになる。たとえば、田山花袋の小説『少女病』（一九〇七（明治四〇）年）は、外出中の「少女」の姿を眺め、「煩悶」する中年男を題材にした小説である。主人公の作家杉田古城は、雑誌社の社員で、若い頃は「少女小説」を記し「青年を魅せ」たが、現在は飽きられ「文壇の地平線以下に沈没」してしまった（田山［1907］1968：67）。杉田は、「少女にあくがれるのが病」であるほどで（田山［1907］1968：68）、とりわけ「込合つた電車の中の美しい娘、これほどかれに趣味深くうれしく感ぜられるものはない」（田山［1907］1968：69）のだった。

電車の車中で高等女学校に通う「少女」に、「あくがれ」る杉田の内心の動きを、花袋は次のように記している。

四ツ谷からお茶の水の高等女学校に通う十八歳位の少女、身装《みなり》も綺麗に、ことにあでやかな容色《きりやう》、美しいと言つてこれほど美しい娘は東京にも沢山はあるまいと思はれる。丈はすらりとして居るし、眼は鈴を張つたやうにぱつちりとして居るし、口は緊つて肉は痩せず肥らず、晴々した顔には常に紅が漲つて居る。今日は生憎乗客が多いので、其儘扉の傍に立つたが、「込合ひますから前の方へ詰めて下さい」と車掌の言葉に余儀なくされて、男のすぐ前のところに来て、下げ皮に白い腕を延べた。男は立つて代つて遣りたいとは思はぬではないが、さうするとその白い腕が見られぬばかりではなく、上から見下ろすのは、いかにも不便なので、其儘席を立たうともしなかつた。（田山［1907］1968：69）

このように、杉田にとって、「少女」の身体を観察することが、なによりも「うれしく」感じられるのであった。穂積陳重による東京高等女学校の生徒を対象とした講演録「女学生の心得」（一八八八（明治二一）年）は、「人目ニ触レ」るようになった「女学生」に対して、その責任の重さを説いている。

是迄我邦良家ノ処女ハ深窓ニ養ハレテ居マシテ交際社会ニハ一切顔ヲ出サナカツタモノデスガ近頃ニ至リ文明ノ春風ガ婦人ノ方ヘモ吹キ廻シテ来マシテ鶯ガ谷ノ戸ヲ出ル様ニ追々ト社会ニ現ハレラル、様ニ成ヲ参リマシタ総ジテ「自由ガ殖ユレバ責任モ増ス」ト申シマシテドウシテモ人ニ交際致シマスレハ種々ノ関係モ生ジ様々ノ誘惑モアリ多ク人目ニ触レサガ無キ人ノ口ニモ掛ル事故深窓ノ下ニ養ハレ居ル処女ニ比シマスレハ貴嬢方ノ責任ハ遥カニ重クアリマス故ニ其徳義上ノ志操ガ堅固デナクテハナラヌ事ハ今更申迄モアリマセン（穂積［1888］1983：100）

かつては「良家ノ処女」は家に居て、社会には一切顔を出さなかった。だが近頃は、「良家ノ処女」もまた、「交際」をするようになり、「誘惑」にもさらされるようになった。このため深窓の「処女」に比べ、近頃の「良家ノ処女」は責任が重く、したがって徳義上の志操が堅固でなければならないと穂積は説く。

高等女学校は都市部に集中していたため、進学するためには、親元を離れる者もいた。深谷昌志は、明治三〇年代前半の東京府立高等女学校では、四〇一人中自宅通学者が一五四人、親類宅に寄宿一二二人、下宿一一八人であり、半数以上が自宅外から通学していたことを指摘している（深谷［1966］1998:184-185）。江戸期においては、親や親族や地域の住民などの社会集団の監視のもとで、異性との出会いの機会をもつことができた。しかし、都市で男女が単身で過ごすことにより、地域の社会集団による監視が機能し難くなる。

澁谷知美は、教育雑誌『教育時論』を考察し、明治期において性的堕落とみなされていた学生の行為を明らかにしている（澁谷［1999］2013）。男子学生の場合、登楼、男色を含む少年に対する暴行、婦女子に対する暴行、男女交際であり、女子学生の場合、男女交際、売春、学資を得るため妾になることである（澁谷［1999］2013:225-241）。澁谷は、青少年の堕落に対する矯正策について、教師の管理の及ばない場所での取り締まり、つまり「校外取締」の発想が生まれたと指摘する。澁谷が例に挙げる、井田竹治による『学生風紀問題　全』（一九〇二（明治三五）年）は、「下宿屋」ではなく「教師親戚知己等ノ住居」「家塾」「同郷寄宿舎」に学生を住わせることを薦め、また官庁、学校、学生自身および監護者の責任として「学校監督、禁酒令、演劇寄席及花街ニ対スル取締、下宿屋・質屋・高利貸等ノ取締、有益ナル遊楽場」を実施したり設立したりすること、「学校所在地、苦学鍛練主義、校風の樹立、生徒取締上ノ連絡」について注意すること、「漫ニ来京スヘカラス、交際ヲ節ス」ことを主張する（澁谷［1999］2013：256–258）。

学生の性的堕落が問題化されていた中で、東京府高等女学校校長である永江正直は、『女子教育論全』（一八九二（明治二五）年）で、女子のセクシュアリティの管理について詳細に論じている。永江は、人類には「交際ノ欲」があり、これは「伴侶ヲ求ムルハ自然ノ欲望」だと述べる。「之レヲ満足セシムル方法ニ至リテハ実ニ注意」せねばならず、「殊ニ女子ニアリテハ最モ此欲望ヲ制限シ対手ヲ選択シ着実ノ交際ヲナサヾレバ或ハ世ノ物議ヲ招キ一家ノ風波ヲ生ズルノ源」となるので、戒めなければならないと述べる（永江［1892］1983：114）。

さらに、永江は、「教育ノ主義目的ヲ達スル方法」には二つの方法があり、それは「教授ト管理」だと述べる（永江［1892］1983：18）。女子の身体を「純潔」に保つために、永江が示したのは管理の方法の方だった。

永江は、「雌雄相慕フハ動物ノ本性」なのであるから、人類だけこの法則の支配を脱することはできず、しかしながら今日において「男女七歳ニシテ席ヲ同フゼズ」という主義を実行すると、弊害が大きいので望ましくない（永江［1892］1983：19–20）。常に室内にいると「身体孱弱意志薄弱」となり、交際を行わないと人間に必要な知識を得ることができず、経験が乏しいと「他人ヲ猜忌スルノ念」が強くなると述べる。しかしながら、現今の女子教育は、従来の主義をゆるめすぎて、「女学生ノ行為ハ動モスレハ世ノ物議ヲ招クコト」がある（永江［1892］1983：20）。

そこで、学校は女学生の行動を管理する必要がある。どのようにすべきか。永江は具体的に次の方法を挙げる。小学校を除く男女の「校舎教場」を別にする。宿泊所を寄宿舎以外は、自宅と親戚の家に限る。通学生は通知簿を渡し、欠席、遅刻および帰宅の遅れを記録することで、学校と家庭の相互で「品行」を把握する。寄宿舎の監督、教職員は女子が望ましく、男子の場合は高齢者に限る。学校で集会を催す場合は、日中に行う（永江［1892］1983：20–21）[12]。以上の方法を永江は挙げた。

明治二〇年代には、教育家は女学生の性行動の管理方法について、問題視していた。

ただし、女学生のセクシュアリティの管理について本格的に講じられるようになったのは、高等女学校令の発布によって女子中等教育が進展する、明治三〇年代後半以降である。

また、物理的な管理が現実問題として困難であることを、教育家は認識していた。たとえば、井田竹治は、『学生風紀問題　全』（一九〇二（明治三五）年）において、「下宿屋ニ住居セル者ト謂モ好ミテ此処ニ起臥セルニアラス、修学上、風儀上、将タ道徳上、適当ノ居処ニアラサルコトハ自ラ能ク之ヲ知レリト謂モ他ニ良法ナキヲ以テ已ムヲ得ス此処ニ生活セルノミ。世ノ教育家、社会改良家、経世家、慈善家、タルモノ希クハ数万ノ学生ノ為ニ其方法ヲ研究企劃セヨ」と記している（井田 1902：75–76）。

つまり、学生を管理しようにも、そのための十分な環境が整っていなかった。また、そもそものところ、物理的な管理には限界がある。物理的抑止力が及ばないのであれば、「規範」を内在化させるという意味での「自律」に向かわせ、「主体」としての持続的な意志を育成することが、重要な意味を持つようになる。

そこで、セクシュアリティに関わる「規範」を内面化させることを意図し、性的な「純潔」に関する「規範」が、修身教育を通して女子に提示されることになる。このような事例として、井上哲次郎による、『訂正女子修身教科書』（一九〇六（明治三九）年）を見てみよう。

> 自重心なき女子は、長者の紹介なくして、軽々しく男子と交り、或は之に私信を送り、或は其の無礼なる言動に対して、断然之を拒絶すること能はずして、遂に貞操を破るに至ることあり、戒めざるべけんや。
> 如何なる人にても、我に接して、一たび其の気高き女子たることを知らば、敢て軽侮するものなかるべし、況や乱暴を加ふるをや。（井上哲次郎 1906：38–39）

自重心のない女子は、軽々しく男子と交り、男子を拒絶することができず、貞操を破ることがあるが、これは戒めなくてはならないと述べる。

また同じ教科書の「操持を完うすべき事」と題された章で、次のように主張している。

> 聞く、犯罪の種類多しと雖も、不正の欲望に原因するもの、最も多しと。豈恐れて而して戒めざ

るべけんや。

殊に女子の慎むべきは、品行を第一とす。蓋し貞操は、女子の生命にして、これ無ければ、才学如何に秀で、門地如何に高くとも、遂に語るに足らざるなり。若し一朝誘惑に誤られて、貞操を破ることあらんか、独り我が身に終世癒ゆべからざる瘡痍を被るのなんらず、又父母を辱しめ、祖先の名を汚し、不孝これより大なるはなし。

（中略）されば我等は、今に於て深く身を慎み、内外の誘惑に打勝ちて、操持を完うせんことを計らざるべからず。徳育の要、実に此にありて存す。（井上哲次郎 1906:72-74）

井上は、「貞操」を破ることは、自身に一生治らない瑕を作るだけではなく、父母をも辱しめ、祖先の名を汚し、これ以上の不孝はないと戒める。また、「貞操は、女子の生命」であり、「これ無ければ、才学如何に秀で、門地如何に高く」ても、女子としての価値がないと記す。結婚まで「純潔」を守ることは、婚前の女子にとって最重要の「規範」だったのである。

このように、女学生は異性との交際を禁じられた。そればかりではなく、教育界は女子に生殖に関わる知識を与えることが性的な逸脱につながるとして怖れ、これを避けたのである（渡部 2007）。婚前の女子に「純潔」を求めるあまりに、性的な知識を女子に与えることを忌避した。このため、学校は女子に対して月経に関する指導を行ったものの、それは生殖の具体的な仕組みについて除外したうえでのことだった[13]。

心身への影響

次に月経が女子の心身に与える影響について、具体的にはどのような報告がなされたのかを見てみよう。

運動能力について、たとえば群馬県立女子師範学校は、「月経の筋肉力に影響する関係を当校生徒六十人に就き握力計に依りて調査したるに月経後に於ては其以前に比して筋力平均〇、八を減少せり」（文部省編 1920:31）と記している。また続けて、次の見解を示している。

握力に於てのみならす、腹筋其他一般全身の筋力も遅緩し其の興奮性減少し、恰も筋疲労の状態を呈するものなるを知る、故に此時期に在りては筋力を要すること多大なる運動を課するを不適当と認め体操科を初めとし日常の作業等に関しても十分に斟酌を加へたり。（文部省編 1920:31）

筋疲労のような状態となるため、月経時には多大な運動は不適当であり、体操科をはじめ日常の作業に対する配慮が必要であると述べる。この他にも多くの学校が、月経時の安静を説いており、たとえば大阪府は「一般に体操を課せす且作法洗濯実習等の動作を要する際は随意見学せしむる方法をとれり」（文部省編 1920:10）とし、愛媛県喜多郡立高等女学校は「体操科に限り欠課せしむ」（文部省編 1920:77）と回答している。

月経時には運動能力だけでなく、精神状態も変化するものだとみなされていた。島根県立松江高等女学校では、「経中精神過敏となり悲しみ易く怒り易く」なる生徒が居ると報告している（文部省1920:69）。

これに一〇年以上先立つ一九〇七（明治四〇）年に、下田次郎は次のように述べている。

> 月経は単り身体のみならず、精神にも少からず影響を及ぼすものである、（中略）ブルダハに依れば、月経の間は催眠的影響を一層受け易い、（中略）通例の女でも刺激性や精神の圧下が強くなると、気違ひになることがあり、犯罪自殺の傾向もこの時に於て大である、（中略）月経中は女子の熟練や、力は一般に減ずる、単り月経中のみならず、其前後も常よりは多少変はる、それで婦人の真価を知るには、斯かる時期を避けて試めさねばならぬ、（中略）理想から言はゞ試験其他心身の大なる労力を要することは、月経中にせぬようにすることが必要である、しかし実際上一級の女生徒に同時に月経のあることはないから、理想的の処置は困難であるが、成るべくは各の生徒に心身上都合の好いやうに仕事をさせねばならぬ、今日月経の間は体操を一般に休ますようである、併し月経は単り身体に影響のあるものではない、目に見えぬ精神的方面を忘れてはならぬ、（下田次郎［1904］1973:268、傍点原文ママ）

月経は身体だけではなく、精神にも影響を及ぼし、「犯罪自殺の傾向」が大きくなる。また、月経中は女子の能力が変化し、そこで試験等心身の労力を要することは避けた方がよい、と下田次郎は記している。

たしかに、「一時ニ全学科目の試験」を行ってはならないと、文部省訓令第六号は定めていた（文部省［1900］1977：266）。高等女子師範学校教授として実践的に教育に携わっていた下田は、月経中の女子に対して、試験に対する措置が必要であるものの、だが実際には一クラスの女生徒に同時に月経があるわけではないので、理想的な処置は難しいと認識していたのだと考えられる。

試験の配慮のあり方について、島根県立松江高等女学校では驚くべき回答を寄せている。


本校に於て試験を行はさるは他の理由あると一は生徒の経期區々にして生理的に能力の敏不敏の不公平あるをまぬかれす且男子と異りて細心の女子なれは一時的過度の勉学及心労のため身体の発育上害甚だしきを憂ふるかためなり。（文部省編 1920：66）

月経によって能力差が生じる女生徒にとって、試験制度は不公平となることから、また男子と異なって女子は「細心」であることから、過度の勉学は身体の発育を阻害するので、試験をそもそも行わないのだという。

北海道は試験についての配慮を「考査又は試験を必要とする場合は特に其の期間を延長すること」と記しており、免除まではしていないが、試験期間の延長という便宜をはかっている（文部省編 1920：2）。静岡県女子師範学校では、「成績考査の場合などに多少斟酌を加ふることあり」と述べている（文部省編 1920：45）。

この調査報告においては、他に試験そのものを行わないという回答は見られないため、島根県立松江高等女学校の事例は当時としても、おそらくは極端な事例であったのではないかと推察される。ただし、文部省による調査は、共通項目によるアンケートを実施しているわけではなく、試験に関わる配慮について言及していない学校も多い。そもそも、回答率が半数にも満たないため、試験の免除をしていた学校の実数はわからない。

このように、月経時は能力が低下するとして、様々な教育上での配慮がなされていた。しかし月経時の能力を調査するといっても、筋力等の身体能力はともかく、精神的な変化について実態を摑むのは困難ではないだろうか。一見すると明快と思える筋力の変化にしても、現在ほど生理用品が充実していなかったのだから、激しい動作そのものにためらいがあったかもしれず、そうであれば筋力（能力）を十分に発揮しきれるだろうか。

なお、静岡県立女子師範学校の一七九人（ただし初潮を迎えていない生徒が七名なので実数は一七二人）を対象とした調査では、四八名が「精神に及ぼす影響」について「なし」と回答している（文部省編 1920：46）。

また、大阪府立女子師範学校は、「多数のものは把往し難く憶起難く思考は鈍となり気分は不快となるものあれとも稀には月経中の方却て把往し易く憶起し易く思考力鋭敏に働き気分爽快となるものあり」（文部省編 1920：13）として、稀にではあるが、月経中の方が、かえって、思考力が鋭敏に働き、気分爽快となる者もあると指摘している。これは近代医学の学説と正反対である。また、私立延岡高等女学校の調査結果は、「感情は一般に動き易く些細の事柄にも驚き怒り悲む等の傾きあるか中には心落つき却て真面目に仕事の出来ると云ふものあり」と記している（文部省編 1920:87）

奈良県女子師範学校の調査では、「月経中精神に変化あるもの」とする調査項目がある。これは調査人数一二四名に対して行ったものであり（ただし一人で二、三の複数回答をしたものがあるため延べ人数は一六八人となっている）、その結果は次の通りである。「頭ぼんやりして暗記力思考力鈍る　七名」、「神経過敏となりて興奮し易し　六名」、「腹立つ　三名」、「陰鬱となる　十六名」、「根気なくなる　二名」、「悲しくなる　二名」、「清潔を好み精神爽快となる　四名」（文部省編 1920:42）。調査の母数は一二四名でありながら、「月経中精神に変化あるもの」とする項目全体の回答数は四〇に過ぎない。残りの者は、精神にとりたてて変化を感じないため、この項目に記載しなかったと考えることができよう。そしてまた、「精神爽快となる」とする回答は、あくまで例外とみなされ、月経時での安静を必要とする文部省の方針を覆すことはなかった。

精神の働きは「把握し難」いにもかかわらず、近代医学の学説は、多くの学校によって支持され、これに基づき教育が実践され、「女子」の心身は月経周期によって管理されたのである。

吉屋信子「或る愚かしき者の話」

近代日本の小説の中に、女学校における月経に関する調査について、描写した作品がある。[14] 吉屋信

図4　吉屋信子『黒薔薇』1925

子による「或る愚かしき者の話」（一九二五（大正一四）一月―八月）には、「月経調査」に熱意を燃やす学校長と、これを拒否しようとする若き女教師が登場する。

吉屋信子は、戦前の少女小説家の代名詞といってもよい人物であり、また新聞小説作家として菊池寛、久米正雄などと同列の活躍をし、複数の作品が舞台化、映画化、ドラマ化され、印税収入によって生涯に八軒の家を持ち、競走馬六頭の馬主となるなど、流行作家として多大な成功を収めている（日本近代文学館編 1977 : 489–490、大阪国際児童文学館 1993 : 297–300）。

なお、「或る愚かしき者の話」が掲載された、『黒薔薇』（図4）は、吉屋の個人パンフレットである。「今の商業主義の雑誌の悪弊から逃れて、自由に清らかに力強く自己の芸術を育て抜いてゆく！」（吉屋 1925b : 67–68）という強い意気込みのもとに創刊された。「或る愚かしき者の話」は、その記念すべき創刊号より連載された。

「或る愚かしき者の話」の舞台は、地方の郡立高等女学校であり、主人公はこの学校に赴任したばかりの二二歳になる女教師瀧川章子である。ある日の職員会議で校長は、「全校の生徒の Mense（校長は日本語を使つた）の統計調査を取つて表を作つて貰ひ度いのですがね、これは各担任の先生が責任をもつてやつて戴きたいのです」と告げる。瀧川は校長の命に無視を決めこむ。瀧川のクラスの結果のみが未提出のため、校長が催促をすると、瀧川は「私はあんなことしたくないのです」と答え、校長から理由を問われると「あれは気弱い少女達をスポイルすると思ひますから」と述べる。静まりかえった職員室で、舎監のお婆さんのE先生が、「お若い方はあんなことやつぱりおいやがりになるんですから（笑ひ）私が一寸致しませう」と、瀧川の持ち分を引き受けてしまう（吉屋 1925a：14–17）[15]。その後日、職員室で「うちの校長先生のことが出てゐますね」「さうですな、やつぱし若いのに出世が早いだけに覇気があつて仕事が派手ですな」と言いながら、皆が新聞を見ているので、何ごとだろうと瀧川が新聞に目を通すと、全国高等女学校会議で「××県××郡立高等女学校校長×××氏は氏が苦心の研究に依る生徒の“Menses”の統計比較、並びに学習に及ぼす影響状態等詳細に渡りて報告説明があり満場の視聴を集めた云々」と記されている（吉屋 1925a：25–26）。それを読んだ瀧川は、「たゞ呆れるより外ない」と思い、そして「粗雑な心の年とつた男のひとたちが、かうして女の子の教育の主権者であるかぎり女性の教育機関は禍ひ多いもの」だと感じる（吉屋 1925a：26）。

先に、文部省による「女子体育状況調査」において、月経に関して調査し回答したのは、わずか一九道府県であったこと、またその理由として、ケガレの領域にあり、公の場で明らかにされるべきものではなく、ゆえに指導や調査を行うことがためらわれたという加藤朋江による解釈を示した（加藤朋江 2002：53）。その一方で、緻密な回答を寄せた学校も見られ、この濃淡の差はなにゆえなのか。もちろん「或る愚かしき者の話」はフィクションとして書かれた小説作品だとはいえ、文部省の評価を高める方策と捉え、積極的に協力した学校の存在も可能性として否定できないだろう。

なお、この小説の記された一九二五（大正一四）年は、中等教育機関への女子の進学率が一四パーセント近くになり、高等女学校の在籍者数は男子の進学する中学校のそれを上回っている（文部省1971:6,20）。このような社会背景の中で、女性作家によって、男性教員が権限を握る女子教育のあり方への疑問が投げかけられたのである。ただし、「或る愚かしき者の話」の掲載先は、吉屋の個人パンフレットであり、国家の統制を受けやすい、大手出版社の刊行物であった場合、同様の主張ができたかといえば、難しかったかもしれない[16]。

第三節　潜在的な病者

潜在的な病者

医科学は女子は精神を病みやすいと捉えた。しかし、本当にそうなのだろうか。実のところ、女子が精神的に虚弱だと主張した医師自身さえも、女子の精神病者が統計的には少ないことを知っていた。

榊は、一八九六（明治二九）年の婦人衛生会での講演「若き婦人の精神病」、また大日本教育会の総集会での演説「小学及中学年齢に於ける精神病。」で、巣鴨病院の入院患者を対象とした調査に基づき、精神病になる年齢と性別の相関性について語っている。これによると、「患者の数は総体で男女を合せて二千〇二十九人でありますす其内男が千三百九十一人女が六百三十七人」（榊 1896a:39）で

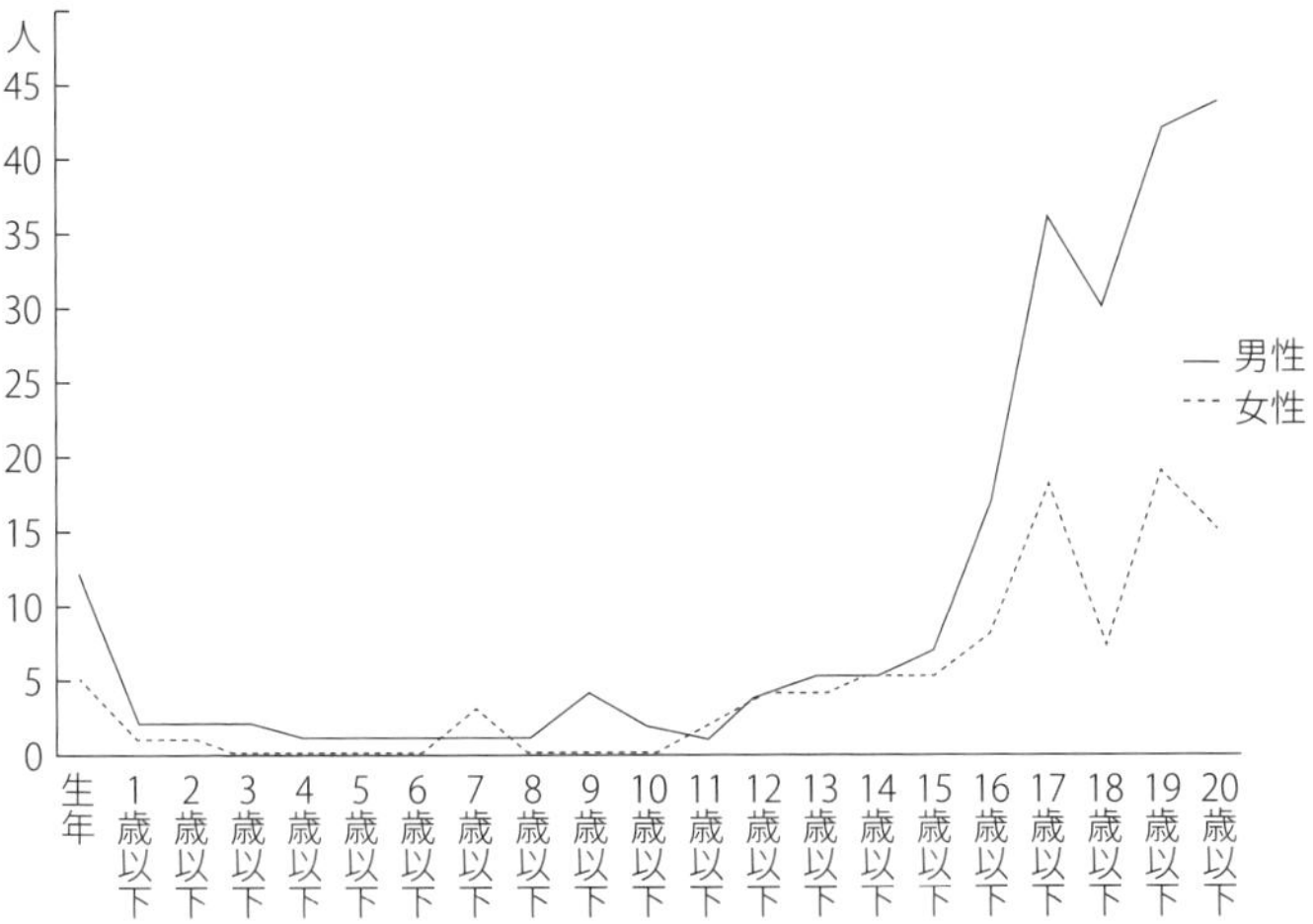

図5　巣鴨病院入院患者の発症年齢（榊 1896a）

あり、女子の患者は男子の半数以下ということになる[17]。また、講演の論題に合致する「満二十歳以下の数は三百十一人」である（榊 1896a : 39–40）。

　また榊は、年齢と性別ごとの精神病者の人数をグラフによって示している（図5）。これによると、七歳および一二歳においてのみ、女子の数が男子より多い。しかし、際立って多いわけでもなく、一四歳では男子と同数となるが、それ以外では常に男子が多い（今日的な視点からすれば、男女の母集団をそろえなければ、統計としての有効性も疑わしい）。

　それにもかかわらず、女子は精神の病にかかりやすいとされた。

　エレイン・ショーウォーターは、西洋において「女性と狂気を同一のものとみなす見解」は、統計上の証拠や社会状況を超えて、世に行き渡っていると指摘する。ショーウォーターが、絵画における例として挙げるのはトニー・ロベール＝フルーリの

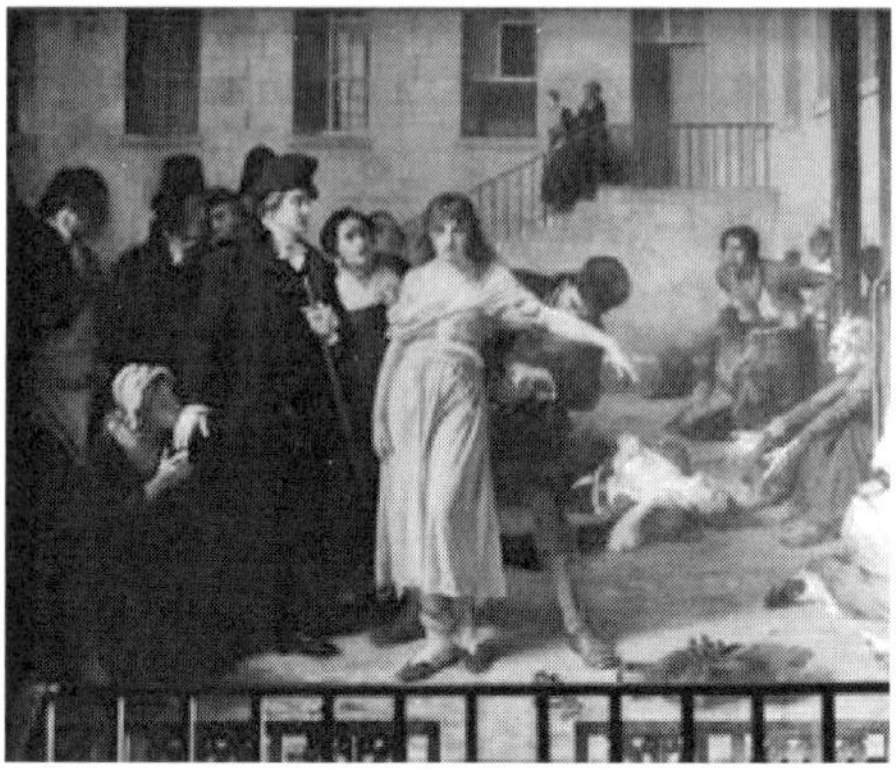

図6　トニー・ロベール＝フルーリ《精神病者を開放するピネル》1887

《精神病者を解放するピネル》（一八八七年）（図6）である。ショーウォーターは、「非理性的なものを表すのに女性の肉体のイメージを用いる文化的伝統」が西洋にあり、これをフェミニストたちは指摘し、また批判してきたと述べる（Showalter 1985=1990:1-4）。

つまり、精神医学を支えたのは実証ではなく、家父長制社会の文化なのである。西洋に学び、近代国家の設立に努力を重ねる明治期日本も同様であった。

しかし、精神を病んだ女子の数が少ないことは、女子を病的な存在だとする議論の説得性を乏しくするのではないか。そこで、女子を病的だとする論拠を補強するための学説が考案される。それは健康な女子であっても、女子である限り、潜在的な病気の因子を抱えているとする見方であった。

一八九六（明治二九）年の大日本教育会の総集会で、榊は次のように述べている。

臓躁狂であつてヒステリアと云ふて女に余計ある病気でありますす通常世間で謂ふ癪であるとか血

の道であるとか云ふのは此ヒステリアであります唯癪であるとか血の道であるとか云つて居る間は是は精神病ぢや無いけれどもあれが基礎になつて遂には発狂するものがある、さうすると之を痺斯的里性の精神病即ち臓躁狂と云ひます臓躁狂は固より女に多数な病気でありますが十四歳以下から女の方にはヒステリアが這入つて来る（榊 1896a：45）

榊は月経に伴う症状として古くから呼び習わされてきた「血の道」と、「ヒステリア」を結びつける。「血の道」と称されている間は病気ではないものの、この症状がもとになって、ついには「ヒステリア」になり発狂する場合もあると述べる。

同じ一八九六（明治二九）年に、婦人衛生会の講演で、榊はヒステリアについて述べている。本章の第一節でも引用した「若き婦人の精神病」である。一部繰り返しになるが引用する。

西洋語で言ふところの「ヒステリア」、是れは通例言ふ血の道、積気《しやく》等が基礎となツて、続いて精神病を惹起すので御座います。而して「ヒステリア」積気等は婦人には随分余計有る病気で有ります。併し此「ヒステリア」は、一の神経病で精神には異常が無い、処が是れが漸々に募ツて往きますると真個《ほんとう》の発狂になるので有ります。（中略）少しく物に駭いて全身の痙攣を起し、或は皮膚の感覚に異状を起し或は腹腔内に一種の感を抱き、或は逆上、或は脳充血を起し易くなる等の事が有ります、ソレ等の事は大概月経と共に結託して来る。既に前から爾う云ふ萌芽があツて、ソレが

段々進むに従ツて発狂になるので有ります。（榊［1896b］1990：8–9）

「ヒステリア」は、神経症であって精神病ではない。しかしこれが進むと、「発狂」する。榊は、女子であれば誰にでも訪れる（と近代医学が規定した）月経を病の要因とみなし、危険視した。つまり、あらゆる女子が、精神病の素因の保持者であり、発狂する可能性を持つと位置づけたのである。また、本章第一節で、漢方薬の広告から東洋医学と西洋医学の結びつきを見たが、西洋医学の側でも、「血の道、積気」という、東洋医学で良く知られていた症状と結びつけて語っていることが、榊の発言は示している。ただし、西洋医学の側では、「血の道、積気」よりも「ヒステリア」が症状が重く、さらに「神経病」である「ヒステリア」が進むと「発狂」するのだと考えていた。

これら女子を「潜在的な病者」とする医学の見解が流布し支持されたことは、教育家の発言から知ることができる。

下田次郎は、女子の感情について次のように記している。

女子は男子よりも心身の刺激に反動することが強い、女子の血液は稀薄であるから、その神経の構造が薄弱で、血液の循環に変動が起り易い、男子でも病気などで、体力が弱ると、女子のように感動性が強くなる、女子は感動され易くて、外から襲来る敵（刺戟）の為めに容易に本城を乗取られる、信仰も変り易い、即ち外界の影響が女子には能く徹へるのである、天気の変化の如きもそうで、朝起きた時の晴曇は女子の気分には男子よりも徹へる、嵐、雷鳴等を感ずることも女子が強い、気候の遷り変りは女子には殊に徹へるので、病気や自殺は気候の変化と余程関係がある、又眠りから覚めた時の女の脈拍の数は、男子よりも明に多く、醒時の刺激が女子及び子供の心臓に影響することは男子よりも大である。（下田次郎［1904］1973：145）

女子は男子よりも心身に刺激を受けやすく、「感動性」が強い。外界の影響を受けやすいので、男子よりも女子に対して気候の変化が、病気や自殺等に関係しやすいと述べる。また、「男子でも病気などで、体力が弱ると、女子のように感動性が強くなる」という記述から、病気の男子と女子の平常の状態を同等に捉えていることがうかがえる。では、女子の「感動性」が強い、その原因はどこにあるのだろうか。下田は、同著で「女子の腹部の割に大なること、貧血の傾向、月経等は女子の感動性を大ならしむる所以で、境遇や習慣で之を変へる工合にゆかぬ」（下田次郎［1904］1973：150）と指摘する。

教育家伊賀駒吉郎もまた、女子の感情とヒステリーついて、『女性大観』（一九〇七（明治四〇）年）で論じている。伊賀は、私立東京哲学館（現東洋大学）を卒業後、関西の教育界で活躍した人物であり、この著書を刊行した当時は、大阪府立嶋之内高等女学校校長を、その後、樟蔭高等女学校や甲陽中学の校長を務めている（唐沢 1984a：169–173）。

悲哀の女子に起り易く、また頻繁なり易いことは我々の日常経験する所である。（中略）此消極的沈思的性質は特に女子の方に著しい。甚だしきに至ては遂に悲しいことを考へるのが却て面白い様になる。然しさうなつたら最早ヒステリー的で心身を害することが多いのである。（中略）女子其れ自身の智情意の三作用中何れが最も強勢であるかと云へば勿論感情にあると云ふことは諸学者の一致するところである、女子にあつては智識も意志も感情に依て支配せられる。智識が感情の為めに着色せられると同じく意志も亦衝動から直ちに行動となつて表はれる。（中略）女子の臓器が男子に比して重いと云ふことは感情の女子に盛んな生理的原因であらう。（中略）之れと彼の月経、妊娠其の他女子の屢々陥ゐる貧血などは女子の感情をして盛んならしむる原因をなすであらう。

（伊賀 1907：275–277）

「悲哀」は女子に起こりやすく、「消極的沈思的性質」が著しいことから、「ヒステリー的」となり心身を害することがあり、「感情の女子に盛んな生理的原因」は、臓器、月経、妊娠、貧血等にあると述べている。「ヒステリー的」という表現に、この病の曖昧さが表れている。正常と異常との境界を不明瞭とすることで、この病が包括しえるものの幅を際限なく広げたのだといえよう。

このように、近代日本の教育家はダーウィン主義精神医学の影響の下、「感情」の作用が行き過ぎることで心身を害しかねない「潜在的な病者」として、女子を位置付けたのである。

感情と性差

しかし、なぜ、これら日本の教育家は、女子の「感情」の作用を強いと捉えたのだろうか。これはやはり西洋からもたらされた医科学の学説に基づいている。

ハーバート・スペンサーは、彼なりの精神発達の進化論を展開し、「女性は肉体的にも精神的にも、男性が到達する頂点よりいくらか前の地点で、発達が停止」するとみなした。「思春期の女子は、男子よりいち早く成熟に達するので、神経＝筋肉組織の最後の微妙な仕上げを逸してしまう」のであり、「知性と感情との面で、人間の発達の最終段階で起こる二つの機能、つまり抽象的な思考力と、感情のなかでももっとも抽象性が高い正義感」が不足していると主張した（Russett 1989＝1994：155）。

また、ヴィクトリア朝のダーウィン主義精神医学は、「境界領域」――「潜在的脳疾患」と「神経障害の種」を隠している、正気と狂気の間の薄暗い領域――という特徴的なメタファーを有していた（Showalter 1985＝1990：132）。人をその境界領域に駆り立てるものは何か、これを説明するためにダーウィン主義者は、心的、知的、感情的能力による分類段階を示し、人類の進化と同様に、個人の成長においても、「感覚、情念、情動、理性」からはじまって、「心的能力のもっとも高度な側面である均整のとれた意志」へと上昇すると捉えた（Showalter 1985＝1990：133）。

ダーウィンの影響を受けた比較心理学者のジョージ・ロマネス（ローマニズ）は、精神を「知性、感情、意志」に分ける古来からの三分法を用いて、この三領域における男女間の差異を探し出していった。すなわち「知性において女性は男性に劣り、ことに独創性の欠如が著しく、また「判断力や学習能力、つまり「知性の蓄積能力」にも乏し」いとし、「思考力を男性の特徴とすれば、感情こそが女性の特色」だとみなした。また「女性は男性とくらべて意志による感情のコントロール力に劣る」ため、「脈絡もなく怒りだし」、「極端な場合、それはヒステリーとなってあらわれ」るとロマネスは捉えた。一方で、その不安定な感情を補う長所として、「女性は、愛情、同情、献身、自己否定、敬虔さ、そしてモラル」などにおいてすぐれているとも考えた（Russett 1989=1994:59）。

西洋で発達した感情に関する性差論は、近代日本の教育家に受容された[18]。先に挙げた伊賀駒吉郎による『女性大観』（一九〇七〈明治四〇〉年）は、次のように記している。

女子にあつては智識も意志も感情に依て支配せられる。（中略）女子は感情が強いからして従つて感情的のものが嗜きである。恰もニコチン中毒したものが煙草を好むやうなものである。否、感情的のものでなければ殆んど女子の嗜好に適せない。純理的のものは中々其嗜好を動かすものでないと云ふことは吾々の常に経験するところである。演劇などでも一般に甚だ極端な感情的のものを好む。且つ感情強くして智識の浅い所よりして偏見を固持すること、瘦我慢で人を遇するに寛大の度量のないこと、事物を冷静に有りの儘に観察することが出来ないこと、愚痴が多くて取越し苦労の多いこと、公私の混合の多いこと、従つて我田引水的の事の多いこと、又従つて公共的事業に不適当なこと、公職上の責任を家庭の私事の為めに怠慢に附すること、事物人物の真相を察することが出来ないこと、事物の真相を見る前に皮相観に依つて早く既に好悪の感を生じて之れに動かされること、事物の大局に眼を注ぐことが出来ないことなど何れも其の結果であると言つて宣からう。（伊賀 1907：276–278）

伊賀は、女子は「感情が強い」ため「事物を冷静に有りの儘に観察することが出来」ず、「従つて公共偉業に不適当」だと断ずる。また、同著で伊賀は女子は「男子に比して論理的良心に乏し」く、「事実や理論は全く注意圏内に寄せ付けない」傾向が強く、それゆえ「科学を好まない」とも述べている（伊賀 1907：263–264）。「論理的」な分野は男子の役割とされ、女子に割り振られたのは、「感情的」な分野だった。女子は「智識も意志も感情に依て支配」された存在だと位置付けることで、正当な怒りや抗議であっても、信憑性が足らないとして一笑に伏すことができ、これにより女子を疎外する構造を打ち立てるのに、男性論者たちは成功したのである。健康な女子であっても、生来男子よりも「感情が強い」ため、学問や知的労働には不向きだとされた。このように、ダーウィン主義精神医学は、性差によって教育機会や教育水準が不均衡であることや、性別役割分業について理論的正当性を与えたのであった。

感情の分類

学習院女子部で修身の教鞭を取った馬上孝太郎（一八七三（明治六）―一九四五（昭和二〇）年）は（米山 1984）、その著書『少女の教育』（一九一四（大正三）年）で、感情の働きを詳細に分類したうえ

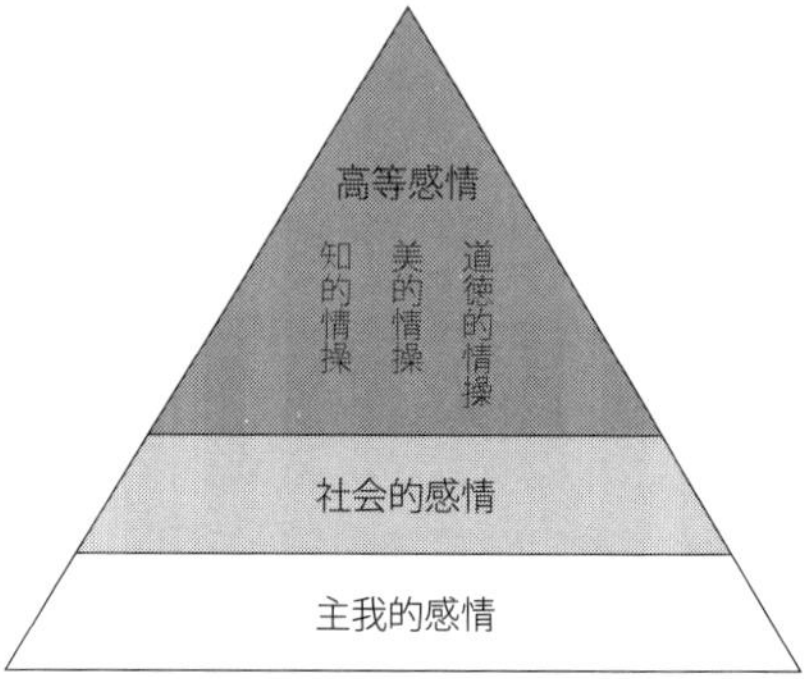

図7　馬上による感情の分類

で、性差による感情の作用の差異について説明している。なお学習院女子部は、皇族の女子がここで学んだことから、当時の女子教育界で特別な威信を持つ学校であった。

この著書で、まず、馬上は「高等感情」「社会的感情」「主我的感情」という三つの大きなカテゴリーに分け、さらにその下位分類を行っている（図7）。

「高等感情」とはなにか。「情操」を意味し、「自他利害」を離れ、「其物自身に於ける価値を感ずる最も高尚な感情」である（馬上 [1914]1984:505–506）。具体的には、「知的情操」「美的情操」「道徳的情操」である。そのうち、「知的情操」は「好奇性」「知的欲望」を指す（馬上 [1914]1984:506）。また、「美的情操」は「自然物及び人工物の美醜に対して生ずる快不快の情」である（馬上 [1914]1984:511）。「道徳的情操」は「自分の利害には関係なく善をなした時に快を感じ悪をなした時に不快を感」じる情操である（馬上 [1914]1984:517）。

「社会的感情」とは何か。主なるものは「愛情と同情」である。「忠恕孝悌の道徳」の基となる感情で、「君に対して忠。父に対して孝。兄に対して悌。朋に対して友。夫に対して貞」となる（馬上 [1914]1984:484）。

「主我的感情」とは何か。「個人的感情」と換言できるものであり、「幼稚」な感情である（馬上［1914］1984：421）。「自己の利害のみを主」とする感情で（馬上［1914］1984：505）、具体的には、「恐怖」「臆病」「悲哀」「忿怒」「放恣」「高慢」「驕飾」「喜悦」である（馬上［1914］1984：421–484）。「高等感情」「社会的感情」「主我的感情」の順で高尚だとされ、さらにこれらの感情の発現は、性差によって強弱があるとし、「感情の幼稚なもの」である「主我的感情」は「少女に烈しい」と馬上は記している（馬上［1914］1984：421）。「少女」は、肯定的に評価できる感情を有していないのだろうか。馬上は、女子は「社会的感情」である「愛情」が、豊かだと指摘する。

愛情の濃なるは女子の自然といふべく男子は寧ろ愛情以外他の性情について発達してゐるものと解釈するのが可いのであります。（中略）女子の女子たる所以は母親となつて始めて全いものであるとは私の日常感ずるところでありますが実に母なければ子は育たぬといつても宜しい程であります。かくて女子の愛情は此より推して遂に広く他人に及ぼすのでありますから其の愛情をば悉く利己的と見るのは不條理極ると思ひます。（中略）故に女子の愛情は女子に必然にして又自然のものであると断言することが出来ます。（馬上［1914］1984：488–489）

母性への帰結

妻が夫に対して「愛情」をもって接することは、今日では当然のこととみなされがちである。しかしながら、「愛情」という感情は、近代社会において作られたという指摘が、先行研究によってなされている。西洋における社会史研究は、家族間の「愛情」を近代的な感情だと捉えた。E・エリザベート・バダンテールは、一八世紀半ば以前の時代には、家庭および社会にとって価値を持つものとしての「愛」は存在せず、むしろ「愛」は軟弱で永続性のないものとみなされており、今日のような高い価値を与えられていなかったと説明している（Badinter 1980=[1991]1998:62–63）。また、エドワード・ショーターは、庶民の男性は配偶者が死んでも悲しみを態度に表さなかったと指摘している（Shorter 1975=1987:59–60）。

日本では、平安期の王朝文化において、男女の「やさしい」情愛を価値あるものとみなしていたこと、男女の「やさしさ」は特定の異性や婚姻関係に限定される感情ではなかったことを、中野節子が指摘している（中野 1997）。しかし、近世の儒教的女訓は、「妻」の側がその「情愛」を「夫」に対して向けるべきだとした。さらに、妻は「情緒的」な配慮をすることで、家という組織の「内治」（夫、舅、姑、奉公人、さらに、一門、友人といった人間関係の中で、夫のためになるような安定した人間関係を作り上げていくこと）の務めを担ったのだと述べる（中野 1997:62–63）。なぜこの変化が生じたのか、中野は明言してはいないものの、夫が生産、妻が再生産という性別役割分業が形成されはじめたことが一つの要因となっている可能性を示唆している（中野 1997:62,102）。ただし、儒教において、母の「愛」は必ずしも肯定的に捉えられていたわけではなく、母の子への「愛」は天から与えられた「陰性」という愚劣な本性に基づくものとして否定的に捉えられていた（小山 1991:20–21）。つまり、「愛情」とは通時代的に崇高な価値として位置づけられていたわけではなく、さまざまな社会的、文化的制度を通して構築されたと考えられる。明治期に至ると、異性間の愛情関係は、西洋文化の影響のもとで、「妻」の側が「夫」に対して献身的に尽くすものとして強固に編成されることになる。たとえば、吉田静致による女子修身教科書は、「夫に対して第一に守るべきは貞節なり。夫婦は自然の愛情に基きて互に相愛し、一心同体となりて一生の苦楽を共にすべきものなれば、妻たる者は、至誠の愛を捧げて夫に事へ、夫の為めには如何なる難儀も辞せざる覚悟なかるべからず。是れ即ち貞節にして妻の夫に対する最大の美徳なり」（吉田 1906:53-54）として、「至誠の愛」という新しい概念を見ることができる。また、「愛情」とは「妻」の側が、「夫」に対して捧げるものだとされている。『少女の教育』（一九一四（大正三）年）における、「少女」を「愛情」深いとする馬上の主張もまた同様に、当時の社会的要請と結びついているのだと考えられる。近代社会は、「夫」が市場で生産労動を、「妻」が家庭で再生産労動を行うとする性別役割分業を必要とした。さらに「妻」の役割として、市場で疲れ果てた「夫」に情緒的な安定を与えることが求められた。ただし、家族に尽くすことによって間接的に国家に奉仕するという再生産労動は、基本的に無償であるため、人格形成の過程で、「愛情」深く自己犠牲的であるという性別役割を女子に内在化させねばならなかった。

また教育家が女子を「愛情」深い存在とみなしたのは、西洋の理論に学んだことによると考えられる[19]。たとえば、イギリスの思想家ジョン・ラスキンの影響を、複数の女子修身教科書に見ることができる。澤柳政太郎による『女子修身訓』（一九一〇（明治四三）年）は「「婦人の純愛によりて浄められ、その勇気によりて励され、その智慧によりて導かれざりし男子は、未だ会て真の正しき生涯を送りしことあらず」とはラスキンの語なり」と（澤柳 1910:110）、また、下田次郎による『新定教科女子修身書』（一九一一（明治四四）年）は「ラスキンは、「婦人の愛に浄められ、其の勇に励まされ、其の明に導かれたるため、幸に一生を過たざりし男子少からず」といへり」と記している（下田次郎 1911:54）。また、カントの影響も見られ、成瀬仁蔵の『進歩と教育』（一九一一（明治四四）年）は、「カントの所謂宗教史は愛即ち犠牲の精神に基づくものであつて、其の高尚なる愛を有してゐる者は是れを神に比すべく、従つて宗教は婦人に由つて成立するものであると言つてゐる」と記述している（成瀬［1911］1976:68）。

これらの西洋の思想家の影響とともに、自然科学もまた、社会において模範的とされるジェンダー役割に、正当性を与える役割を果たしたのだと考えられる。第二章で指摘したように、一九世紀西洋は、知の体系のパラダイムチェンジがなされた時期であった。神学に代わって科学が権威の王座につき、政治的、世俗的利害とは無関係な「真理」を啓示しうると期待されたために、自然界だけではなく人間社会にも同じように科学的「法則」を当てはめることで、社会的問題に対する解決策の当否が判定できると考えられるに至ったのである（荻野 2002:202）。

ダーウィンは、次のように述べている。

女性は、より優しくて自己犠牲的である点において、男性とは心的性質が異なるようだ。（中略）女性は、母性本能のために、自分の子どもに対してこのような心情をふんだんに注ぎ、それゆえ、他人に対してもしばしば拡張してそれを示す。（Darwin 1871b=2000:399）

「女性は、より優しくて自己犠牲的」であるのは産む性であることに由来するとし、他者に尽くし奉仕することが、その本性に合致した行為だというのである。また、ダーウィンによる男女の性差論は、パトリック・ゲディスやJ・アーサー・トンプソン、ジョージ・ロマネス（ローマニズ）等の学者によって継承され、発展していくということは、この章ですでに指摘した通りである。

近代日本の教育界においても、この「母性本能」に基づく性差論は受容されている。まず、ここで科学と女子教育の双方の場で、活躍した人物の見解を取り上げることにしたい。それは、コーネル大学で植物学を修め、帝国大学教授であった矢田部良吉（一八五一（嘉永四）―一八九九（明治三二）年）である。矢田部は自然科学の領域にとどまらず、『新体詩抄』（一八八二（明治一五）年）を井上哲次郎、外山正一らと発行し、新体詩運動、ローマ字普及運動に尽くしている。矢田部は帝国大学だけでなく、複数の学校に在職しており、たとえば東京高等師範学校や、また一八八八（明治二一）年三月から一八九〇（明治二三）年三月と短期間ではあるものの、東京高等女学校校長を務めている（昭和女子大学近代文学研究編 1956:64-103、東京女子高等師範学校附属高等女学校編 1932:125）。矢田部は、大日本教育会での講演録「女子教育の困難」（一八八九（明治二二）年）で、次のように述べている。

> 女子には母となるの役目がありまして、之が為に太古草昧の時代より生存競争の為めに充分腕力を発達することが出来ずして、男子の保護に依頼したるものでありますから、随て常に依頼心を起し、精神上にも男子とは著しき違ひを生ずるに至りました。（中略）男は次第につよくなり、女は次第にやはらかになりまして、剛の性は男の特質となり、柔の性は女の特質となりまして、（中略）女子は総て情緒即ちイモーシヨンに関かハることは男子よりも鋭敏でありますが、智力即ちインテレクトに関はることは男子の下にあります。そして又女子の愛情の男子よりも切なるは其母となりて児を養育するに依て発達する所の情が遺伝となりたるに起りたるものに相違ないと思ひます。（矢田部 1889 : 25）

「母となるの役目」がある女子は、「生存競争」のために腕力を発達することができず、男子の保護が必要であったことから、精神面にも違いが生じ、男子は「剛の性」が女子は「柔の性」が、また男子は「智力」が女子は「情緒」が、それぞれの特質となった。また、女子の「愛情」は、母となり子どもを養育することによって、発達し「遺伝」したのだと矢田部は述べる。矢田部が進化論に依拠して、男女の特性を説明しているのは明らかである。

このように、西洋から、女子は愛情深い存在だとする性別特性論が、日本の教育界にもたらされた。

女子は生まれながらに愛情深いわけではない。無条件に子どもを愛するとも限らない。たとえば、間引きという行為について考えてみるならば、明治期に至り堕胎罪が制定され、堕胎や間引きが犯罪と規定されたたものの、すぐにこれらの行為がなされなくなったわけではなく、阿知波五郎は大正時代までは間引きの慣習が大衆の間で見られたと指摘している（阿知波 1967：11）。

統計学者である呉文聡は、『人口政策　完』（一九〇五（明治三八）年）で、次のように述べている。

千葉県の如き数年前、県下発行の東海新聞は、県下一般平均の死産歩合は、千に付三百六十七なりと云ひ、（中略）山武、印旛二郡の如きは、胎児の過半は死亡するものたるを示し、其他の郡と雖其数甚だ多く、最小のものと雖尚欧州各国の三倍以上なり、斯く死産の多きもの豈其故無しと云ふべけんや、而して東海記者は之に附記して左の如く云へり

（1）子女を粗末にすること
　一家三人以上、養育する者あれば卿人皆感心のことなりとて称賛すと云へり
（2）産婆の不親切なること、無識なること
（3）マビクこと
（4）不衛生なること、婦女の沼田に入りて労作すること
右の如く死産多く、右の如く世評ある以上は、其間人為の作用あること疑を容れず、（呉［1905］2000：15）

すなわち、地域によっては胎児の半数と死亡率が異常に高く、よって「人為の作用」すなわち間引

きがなされているのではないかと呉は指摘する。
この著作の序文に、呉は次のように記している。

地方の弊習に至ては人道上に於ても実に忍びざる所のものなり世の慈仁博愛なる紳士貴女よ（中略）帝国未来の発展の為め遠く思を此に致し一は悲惨なる境遇に立てる稚児の為めに近く慈愛の恵を垂れ賜はんことを望む（呉［1905］2000：1）

明治期において胎児、赤子の間引きの慣習が根強く、これが人口の増加を阻んでおり、日本の発展のためには、国民が子どもへの「慈愛の恵み」を持つ必要があると呉は主張している。
また、生活に不自由のない階層においても、子女の教育を母親自身が行っていたとは限らなかったようだ。ベルツ（イーベルツの署名による）は、大日本女学会での講演録「日本に於ける婦人教育」（一九〇二（明治三五）年）で、次のように記している。

上流社会の方々に対する一ツの注意は、家を治め、子供を教育するの労を執る事は、若き婦人の務めとして、決して卑くない事を能く其令嬢方に教へるのが必要であると云ふ事である。一体日本に於る上流社会の家庭では、子女の教育、一家の支配を多くの婢僕に委ねて、自ら関係しないから、殆ど三分の一位も不用な者を使ツて居る。けれ共比較的に西洋の母の勢力よりも、日本の母の勢力は子供に対して薄いと思ひます。故に今後婦人方の地位を高めるには、大学の如き高等教育を授けるよりも、寧ろ婦人が親ら家政を執り、子女教育をする方が、夫に対し、家族に対して地位が高まるであらうと思ひます。（イーベルツ［1902］1991：31）

上流社会の家庭では、子女の教育の多くを母親にではなく、「婢僕」にゆだねている。しかし、子どもの教育を行うことは卑しい行為ではないと、上流社会の令嬢に教える必要があるとベルツは指摘する。[20]

また、榊俶による日本会演説会の講演録「子供の精神及び保護法（其二）」（一八八八年）からも、子どもを愛護するという意識が一般化していなかったことをうかがうことができる。

世上で能く申すことには着物を汚すなとか此餓鬼奴とか外に出ることはならぬとか家に居ろとかアバれると御飯を遣らぬとか手を縛つて炭俵に入れるとか縁の下に押込むとか頭を打つなどは最も禁じなければなりません頭を撲ても決して心の更まるものでもなく折檻と云ふことは大抵にしませんと却て母親を馬鹿に致し小児の精神は横道へ参り升大人でも天窓《あたま》を撲たれては昏倒することもあり小児などは直ぐ死ぬこともあり升（中略）私の見る所では日本の小供ほど泣くものはありません（榊［1888］1990：6-7）

帝国大学教授で、医師である榊が知る家庭の生活水準は高かったであろうし、また受講する人々の教育水準も高かったと思われる。にもかかわらず、一八八八（明治二一）年当時、子どもを「折檻」してしつけることが当たり前のように行われており、子どもの発達段階を鑑みた教育は、未だ啓蒙されるべき智識であったことが推察できよう。

だからなおさらのこと、明治政府は第二次性徴期の女子を、将来の良妻賢母として「愛情」深い心を持つ存在として育てようとしたのである。もちろんのこと、実際に女子教育に従事する教育家たちもまた、女子が生来的に愛情や同情に富んでいるとは限らないことを認識していた。

下田次郎は、『女子教育』（一九〇四（明治三七）年）で、次のように記す。

女は同情に富む、犠牲心の強いものである、女の領分は同情である、涙であると云へば、如何にも美しいけれども、実際は必ずしもそうは往かぬ、併し皆そうしたいものである、これは教育に由るの外はない。（下田次郎［1904］1973：144）

成瀬仁蔵もまた、女子の心は善性と悪性の二面性を備えた、両義的なものだと捉えていた。成瀬は女子の感情について、『女子教育』（一八九六（明治二九）年）で、次のように記している。

女子は果して親切深きものなるや、将た残忍なるものなるや。憐恤と残忍とは共に婦人の性中にあり。女子は一方に慈母心より湧出づる親切と、己の弱きことゝによりて、憐みに富み、又一方には、己の繊弱なるより湧き出づる感情は渠をして非常なる残忍のものたらしむるなり。而かも、其の感情たるや、動き易く、今日は仁恤なるも、明日は残忍なるやも、謀るべからず。斯く婦人は弱きものに保護者なると同時に男子も及ばぬ程の残忍をもて弱者を艱めることあり。故に女子はその境遇と相手の如何により、或は愛し、或は悪み或は慰め、或は苦しむるなり。然れども、幸にして進化の法則に依り、漸々変化して、残忍は益々滅却し、慈悲は愈々増進するを見る。故に文明の進歩するに従ひ、女子の腕力の減ずると共に、残忍の性も亦減ぜり。而して温和仁恤は遂に女子の美徳とは成れり。男子は女子の柔を好み、女子は男子の剛を愛するに至れり。かるが故に、女子には極端の両性ありて、一種異様の怪物なるが如しと雖も、深く之を察する時はこれぞこれ女子の女子たる所にして、又女子の価値ある所なり。それ英雄豪傑の英雄豪傑たる所は何ぞや、岩石の如き意志をもて制御したる火の如き感情に富みたるの点に於て存するにあらずや。（成瀬［1896］1974：99–100）

女子の感情は「慈母心」が「親切」として、「弱き」ことは「憐み」として現れる。しかしその一方で、「残忍」でもある。また、女子の感情は、境遇と相手によって「愛し」「悪み」「慰め」「苦しむる」という風に変化しやすい。しかし、文明が進歩するに従って、「進化の法則」により、「残忍」は減り、「慈悲」は増進して、「温和仁恤」は女子の美徳となった。興味深いのは、「極端の両性」を備える女子を、「異様の怪物」に、成瀬が喩えていることである。さらに続く部分で、成瀬は、教育による矯正について主張している。すなわち、「女子に対し意志の教育を授けて感情の放肆を制し、智心の教育を施して、感情の邪悪を照ら」し、「多年の経験と遺伝とによりて成来せし、女子の心性なるべしと雖も、女子教育家たるものは、宜しく之が矯正利導に従事せざるべからず」と述べている（成瀬［1896］1974:100）。

さらにこの後、一九一一（明治四四）年に成瀬は、『進歩と教育』（一九一一（明治四四）年）で、女子の愛情に関する自身の見解を述べている。やや長文になるものの、以下に引用する。

> 予は頃日女性に就て新らたに得たものがある。それは従来理想としては描いてゐたが実社会に見る事が出来ないかと疑がいの目を似つてゐたものである。即ち女性の内に最も豊かに与へられてある愛情＝同情＝親切と言ふものに就ての話である。女性の愛を如何に感じ、又夫れが如何に顕るゝかと云ふ事は、常に吾々が書物の上に読みもし、又世界の歴史の示す所であるが、西洋の書籍によると、婦人は天使に比すべしと云ひ、又有名なる社会学者カントの如きは、女性は恰かも神の如しと迄も讃めて居る。カントの所謂宗教史は愛即ち犠牲の精神に基づくものであつて、其の高尚なる愛を有してゐる者は是れを神に比すべく、従つて宗教は婦人に由つて成立するものであると言つてゐる。然るに支那では女子と小人は養ひ難しと云ふ詞がある。ソクラテイースの如きも婦人の為めには、いたく心を苦めたるを思へば、女性とは果して如何なる者であるか、これは一つの疑問である。

予が女子教育に身を捧げてから、予の経験によつて見ると、女性の心は綿密なものであるが、猜疑の念の深いものである。（中略）女子には同情の涙は有るがそれは姑息である、虚飾である。一時的である。（中略）女子は誠に頼むに足らざるものと言はねばならぬ。（中略）

然るに多年女子教育に従事し来れる予の今日、従来予が婦人を目せし経験とは全く異なつた特性の現れたといふのは何であらうか、それは即ち従来の愛と言ふものは多く本能的のものであつた。此の本能的愛は動物に有るもので、子孫を保護する心より来てゐる。そして婦人は子供を持つ者であれば自ら慈愛の心の深いのは当然である、此の本能的の愛が有るが為めに、利己に、姑息に、虚偽に、嫉妬に陥り易い、しかも一時的に熱情に偏するのである。斯の如きは唯だ情にのみに動ける愛の弊害で、教育の結果は必ず此の愛の拡大を遂げしむるものである。

其処で愛と言ふものは、全体と調和統一せる所の最も善、且つ美なるものとなつた。（成瀬［1911］1976：68–69）

女子教育に携わることによって、西洋で讃えられているような、天使、あるいは神に比すような「女性の愛」が、実社会に実在しているのか、成瀬は疑いを抱くようになったと述べる。しかし、教育の結果、「愛の拡大を遂げ」ることができ、「全体と調和統一せる所の最も善、且つ美なるもの」として、「理想として描い」てきたものとして実現したと述べる。

明治期の教育家（そのほとんどは男性である）は、女子の感情を劣等で取るにたりないものと蔑視した。そこで、教育を通して女子の感情を矯正しようとしたのである。

補完物としての弱さ

さらに注意したいのは、「感情」の働きの強い女子は、異性愛男性の性的嗜好からして、忌避の対象というよりも、むしろ好ましい存在であったということである。

下田次郎は、『女子教育』（一九〇四（明治三七）年）で、次のように述べている。

> 感動性が男女同じ水準であるならば、相助け、相楽むの力が大に減る。容易に動かさるゝ男子は女子が喜ばぬし、感動性の弱い女子は男子が喜ばぬ、詰り女の感動性は女子を天使たらしむると同時に、又魔物たらしむる所以である、毒婦も菩薩も皆この感動性の表はし方如何に因るのである、詩人は女人に於ける天国と地獄のこの混合を言ひ表はす為めに脳髄を痛めた、（下田次郎［1904］1973:150）

「感動性」は、「心身の刺激に反動する」という「神経組織の特色」を意味し、「レーコックは、アッフェクテビリチー Affectibility の語」でこれを指した、と下田は説明する（下田［1904］1973:144）。男女の「感動性」が同じ水準では、相互に助けたり、楽しむうえで不十分であるし、動揺しやすい男子を女子は喜ばず、「感動性」の弱い女子では男子が喜ばない。「感動性」は女子を天使とすると同時に魔物ともし、毒婦も菩薩も感動性の表わし方によるのだと下田は述べる。

また下田は次のようにも記す。

婦人は感動性が強い、身心の刺激に身体の反応することが大である、（中略）一体婦人は男子に較べると神経的であつて、感情の表出が濃かである、直ぐ赤くなり、泣き、笑ひ、一寸の物にも驚いて男子に取縋り助を求める、是が男子に取つては愉快である、物に動ぜぬのが男子の特色で、其が婦人の気に入る所である、男子にはまた婦人の感じの細かい所が気に入る、つまり男子には女らしい女が気に入るし、女子には男らしい男が気に入るのである。（中略）元来男女は互に相補ふて、幸福なるべき世の中が、唯片方だけであつたならば、世は単調となつて寂しいが、性質の異なつた者が交際すると、其所に面白味が出てくるのである。（下田次郎［1904］1973：453-454）

つまり、女子の「感動性」を、男子の強さの補完物として、必要だと捉えているのである。これは、西洋からもたらされた、二元論的なジェンダー観にのっとったものだと考えられる。西洋において、新しいダーウィン主義の信条の到来は、男性の「騎士道的感受性」の無用さを示すものではまったくなかったと、ダイクストラは指摘する（Dijkstra 1986=1994：301）。たとえば、「女の柔弱さのうちに完成されている偉大さと美しさと強さを誠心から認め、称賛し、崇拝できるようになって初めて、最高の男らしさに到達しうる」とジョージ・ロマネス（ローマニズ）が『十九世紀』（一八八七年五月）に

図8　ジョン・エヴァレット・ミレイ《オフィーリア》1851–1852

寄せた論文で主張しているように（Dijkstra 1986=1994: 302）、「女性の「か弱さ」」とは、結局のところ、「男性的強さ」と対になるべき補完物であったのである（Dijkstra 1986=1994: 302-303）。

さらに言えば、「感動性」が強いがゆえに、心身を害しやすいとされる女子が病に侵された場合、これは必ずしも、忌避と嫌悪ばかりを招くわけではなかった。たとえば、シェイクスピアのオフィーリアは、愛ゆえに狂乱した「自己犠牲的女性の鑑」として一九世紀末期に空前の人気を博した。狂気に陥ることによって、ついには、水死して水底に沈む運命に身を委ねるオフィーリアの姿は、「女性は従属物である」とする一九世紀の男性のこのうえなく他愛ない幻想を満足させたと、ダイクストラは解釈している[21]（Dijkstra 1986=1994: 89）。

近代日本においても、「美しい狂女」というイメージは受容され、流布した。たとえば夏目漱石は『草枕』（一九〇六（明治三九）年）で、次のように記している。

図9　鏑木清方『金色夜叉』続編口絵 春陽堂 1902

水に浮かんだ儘、或は水に沈んだ儘、或は沈んだり浮かんだりした儘、只其儘の姿で苦なしに流れる有様は美的に相違ない。夫で両岸に色々な草花をあしらつて、水の色と流れて行く人の顔の色と、衣服の色に、落ちついた調和をとつたなら、屹度画になるに相違ない。（夏目 1994［1906］:86）

これは、ジョン・エヴァレット・ミレイによる《オフィーリア》（図8）を念頭に置き記したものである。また『行人』（一九一二（大正元）年—一九一三（大正二）年）に描かれた、「精神に異常を呈し」そして死んでしまった「娘さん」に、オフィーリアのイメージが重ねられていると、佐伯順子は解釈している（佐伯 1998:223-226）。すなわち、主人公二郎の友人三沢の家に父が仲人をした関係で、離婚をし「少し精神に異状を呈し」た「娘さん」がひきとられている。三沢が描いた「娘さん」の絵を見て、二郎は「可憐なオフヒリヤ」を連想する。「娘さん」はなぜか三沢にだけ特別な親しみを示す。「娘さん」と三沢との関係は、「恋愛」というには淡く、愛情表現らしきものといえば、彼女が亡くなった時に「冷たい額へ接吻」したことのみで、西洋由来のプラトニック・ラヴの理想が重ねられていると佐伯は解釈する（佐伯 1998：223-225）。また日本画家の鏑木清方が、ミレイによる《オフィーリア》を念頭に置き、『金色夜叉』続編（一九〇二（明治三五）年）で、貫一の夢の中の宮の死の場面（図9）を描いたことは、よく知られている。清方はその構想の過程を、次のように回想している。

第八章「咄嗟の遅を天に叫び、地に号き」から「緑樹陰愁ひ、潺湲声咽びて、浅瀬に繋れる宮が軀よ」まで、文字にして二百字あまり、試験前の学生のやうに、築地川の川縁を往きつ戻りつ繰りかえしては暗んじた。何かで見たオフェリヤの水に泛ぶ潔い屍を波文のうちに描きながら。（鏑木 1961：223）

西洋社会において形成された「美しい狂女」像が、明治の文学や美術において受容されたことを、これらの事例は顕著に示している。

抒情画に現れた身体観

女子の弱さを肯定的に捉える美意識は、近代日本の「少女」文化にも波及している。近代日本の印刷美術のジャンルとして「抒情画」がある。女児の成長段階における「少女期」ないし「思春期前

図10　蕗谷虹児『私の詩画集』挿絵　交蘭社 1925

図11　加藤まさを『遠い薔薇』挿絵　春陽堂 1926

期」に対応する出版美術のひとつの様式であり、小説における「少女小説」、詩における「少女詩」とならんで、美術における「少女画」とも呼ぶべきものだと上笙一郎は位置づける（上 1977:14）。そして、その系譜を、明治末期の竹久夢二にはじまり、大正期の蕗谷虹児（図10）、加藤まさを（図11）、須藤しげる、高畠華宵で定型を与えられ、昭和前期の中原淳一、松本かつぢに受け継がれたとし、またその主題を「少女」の風俗と説明する（上 1977:13）。「抒情画」に描かれた「少女」の特徴は、小さな口、大きな眼、細い身体をしていることであり、また悲哀や憂愁をたたえていることを上は挙げ（上 1977:13）、自己主張を禁じられているため口が小さく、わずかでも内心の思いを吐露するために眼は大きく、細身なことによって「脆弱な女性存在」を意味するのだと指摘する（上 1977:16）。そして「悲哀や憂愁」をたたえていることは、平塚らいてうのいう近代日本の「女性」の置かれた「他に依って生き、他の光に依って輝く、病人のような蒼白い顔の月」という立場を表すとともに、その予備軍である「少女」の社会的脆弱性を象徴し、家父長として君臨したいという男性の願望を満たす「理想的女性像」であったと上は解釈している（上 1977:16–17）。

上の解釈に依拠するならば、脆弱であることを好ましいとする女性性に関する理想が、抒情画において形象化されたのだと捉えることができよう。

「美的」規範

劣等でありながら美しい性別としての女子とは、異性愛男性の一元的な視線が生み出した産物であり、これを正統化する理論もまた、打ち立てられた。

伊賀は次のように述べている。

女子の自我は男子の自我に比べると複雑で不確実で常に他人の意見や評判に注意するところの衝動が強くて畢竟他人の心中に自分が如何に映ずるかと云ふことを想像若くは空想して喜んだり悲んだりする。此のことからして女子は本来従属的性質を有し自我を他人に結合し依りて以て其人の心中に自我の完全なる且つ確固たる映象を得んことを勤める。そうして此くの如き映象を現実若くは理想的人物の中に発見すると随喜渇仰、全力を傾注するに至る。されど若し此くの如きものがない場合には女子の女子たる性格は空瀑漂渺の感なき能はずである。之れと反対に男子は独立的勢力を有して居る無論人間が社会的のものである以上、独立と云ふも少しも他の影響を蒙ることがないと云ふ謂ひではない。唯個々の経験を蓄積して以て其の品性を形成し之れに依りて直接の影響を取捨選択するのである。要するに女子は他人の評価に依つて自我の価値を定め男子は自らの評価に依頼する。（伊賀 1907：287-288）

「女子は本来従属的性質を有し」ているため、「他人の心中に自分が如何に映ずるかと云ふことを想像」して喜んだり悲しんだりする。そして「他人の心中」に、うつった自身が完全なものであれば、「随喜渇仰」するが、そうした対象がなければ、「空瀑漂渺」となるのだという。

伊賀は女子の自我について「要するに女子は他人の評価に依つて自我の価値を定め男子は自らの評価に依頼する」のだと主張する。つまり女子とは自らの力で自我を確立できない他者（男子）に依存した存在だと断定することによって、女子の価値を決定する男子の視線を正統化するのである。

伊賀が女子の自我に対して示した見解は、オットー・ヴァイニンガー（一八八〇―一九〇三年）の学説に依拠したものである。伊賀は同著で、「頗る極端な説であるが其の中には多少の真理を含んで居る」と断りつつ続けて、ヴァイニンガーから引用する。

女子の自我は女子の肉体即ち外部のみである。女子の自我は女子特有の自負心の基をなす。女子の自負心は自己の肉体が他人に賞賛せられ欲望せられ性的興奮をなしたる男子に欲求せられんとの欲望である。又女子の自負心は他人に対する不断の顧慮である。女子は唯他人の思想中にのみ生活するものである。女子は他人が自己を醜なりと評するならば長く之れを忘れることが出来ない。是れ唯一の怨恨である。蓋し女子は仮令其己れの容貌が他人に劣ることを承認することがあつても自ら醜なりと思ふことは出来ない。此くの如く女子の自負心は積極的の価値ある形而上的の自我即ち自己特有の価値を欠乏して居るところからして出るのである。女子は自己に対して何等特有の価値をも有して居ないからして他人の評価の対象とならんことを求める。故に女性の価値は其の選べる男子即ち情人若しくは良人より来る。従つて其の価値は情人若くは良人の価値以上に出ることはない。女子は其の価値を自我に求めないで或は金銭財宝に或は衣服装飾に特に自己の賞賛者及び良人に求める。（伊賀 1907 : 289）

「女子は自己に対して何等特有の価値をも有して居ない」から「他人の評価」によってしか価値を判断できず、また「自我」を持たない女子は、「金銭財宝に或は衣服装飾」への賞賛によってしか自己の価値づけができないのだという。また女子は自身の肉体にしか「自我」の根拠を持ち得ず、「自己の肉体が他人に賞賛」され、また男子が「欲望」し「性的興奮」をいだくということに、「自負心」を得るのだという。しかし、この主張は、論理的に破綻している。女子は自身のことを醜いとは思うことができず「他人が自己を醜なりと評するならば」、これを忘れることができず「怨恨」と化すのだというが、しかし、「他人の思想中にのみ生活する」のが女子であるのなら、「自己を醜なり」とする他人の評価を肯定するしかないのではないか。結局のところ、強者である男性論者が、弱者である女子について語る場合、論理的整合性の有無を、さほど重視しないのである。男性主体のジェンダー秩序において、「女子の肉体」を「欲望」の対象とすることは正当だという絶対の自信があればこそ、このような極端な主張がなしえたのであった。

これほど極論ではなく、より穏当な語り口を用いつつも、女子の価値を身体的な美に見、これと「自我」を結びつける論者を明治日本に見ることができる。

「身体的」の我と「心理的」の我

下田次郎は『女子教育』(一九〇四(明治三七)年)において、「自我の感情」について、次のように説明している。

「自我」には、「身体的の「我」」「心理的の「我」」「「歴史的の「我」」」がある。「身体的の「我」」とは、「外物と身体とを区別」するもので、たとえば、「外物に触れた時と自分の身体に触れた時とは様子が違ふ、前者では何ともないが、後者は或感覚を引起す」ことから、身体と外界が異なると知ることでできてくる。そして、「幼児は口腹の欲を始め、肉欲の奴隷であるから、身体に関するものが「我」の全体を形作つて居る、すべての挙動が身体に奉公するために起る」のだと述べる(下田次郎

[1904]1973:140–141）。「「心理的」の我」とは、精神が発達して「反省する様になり、内界的（心的）生活の外界的生活と異なることが種々の経験から分つて」きたことでできる自我である（下田次郎[1904]1973:141）。「歴史的の「我」」は、「生まれた時から今日まで引続いて、自分の生活を統一し、しかも尚多少時間的に変化しつゝあるの我」である（下田次郎[1904]1973:141）。

女子は「身体的の「我」が強い」。なぜならば「女児は感動性が強く、外界の影響を身体の受けることが大であるから、男児よりも身体的「我」の意識に達する」ためだというのである（下田次郎[1904]1973:141）。

女子は成人しても身体的の「我」が強い、教育のない女子の「我」を形作るものは精神的のものではなくて、著物である帯である、精神よりは著物で恥をかくことが重大なる打撃である、教育のある女子でも男子から見ると此傾きが強い。女子は女として美の現身として、固より身体を飾るの必要はあるが、身体的の「我」が「我」の全体では困る（下田次郎[1904]1973:141）

女子は、「身体的の「我」が強い」ため、「身体を飾る」ことばかりこだわる。続く部分で、「女子には小い時から人格を高むるものは馬車や著物ではなくて、高尚なる精神にあることをよく覚らしめ、女子の生活を一層意味あるものとせねばならぬ、これは教育に由るの外はない」（下田次郎[1904]1973:141）と下田は主張する。

女子は「身体を飾る」ことに固執し、感情が未熟なまま留まっているとする見解は、同著の第二七章「美的感情」に、より詳細に示されている。以下、やや長文となるが引用する。

美的感情は主に眼又は耳から来る外部の印象に伴ふて起る一種の感情である、絵画、彫刻、詩歌、音楽、建築又は天然物を観たり聴いたりして起る一種の感情はそれである。美を賞玩して居る間は一心にそれに打ち込んで少しも利害の念が之に這入らぬ、故に美の賞玩は最も純粋なる楽みである、美の特色は物の調和、統一、比例等の好く出来て居る事である、女子の身体は曲線配合の妙を極めて美の現身とせられ、美の神は皆女に象られて居る、斯かる身体上の特色を女子は有して居るから、小さい時から身体の発達に注意して、其美を益々発揮せしめねばならぬ、又歩行、姿勢等、あらゆる運動に於て、気に入るような律動に、小さい時から慣らすが宣い、其他挨拶、挙動、衣服の著振りに注意し、殊に言語は女は女らしくするものである、言葉の不格好、四角張つた重苦しいのは宜くない、言語の選択、声の調子、話し方等、皆注意を要する、女礼式は挨拶の仕方を教へ、女子の挙止を優美ならしむるのである、今日の女礼式は畳の上の女礼式に限るようであるが、この後は椅子に腰を掛け、又は立つて居る生活が多くなるから、それに相当する礼式を教へることも必要であろう。女子の美は座敷に座つて居る時より、立て動いて居る時に著しいものである、要するに女子は常に自分を美と見て、あらゆる方面に於て益々その美を発達することを努め、家庭も学校もこれに注意せねばならぬ。

美的趣味の養成は少しく心掛くれば、日常生活悉く皆これに資するものである、例へば室内の取廻し、日用品、庭園、等皆その役に立つもので、一寸紙を貼るにも、花を挿すにも皆趣味は現れるものである、此頃の評判娘と云ふのは、琴は何流、茶は何流、長唄は何うと云ふのがえらいので、新聞でも、こんな事ばかり吹聴して居るが、今後の評判娘はそれでは困る、絵画、彫刻其他の美術に対する趣味も無くてはならぬし、又身体が立派に発達して居ることも吹聴して貰はねばならぬ、西洋には美的趣味の養成には家庭、学校、社会、国家が皆これに努めて居る（下田次郎［1904］1973：134–135）

「美的感情」を、「眼又は耳から来る外部の印象に伴ふて起る一種の感情」であり、「絵画、彫刻、詩歌、音楽、建築又は天然物を観たり聴いたりして起る一種の感情」と定義している。この「美的感情」を論じるに際し、下田は女子は「身体の発達に注意して、其美を益々発揮せしめねばならぬ」と、女子自身の容貌の美の問題について言及している。また、「絵画、彫刻其他の美術に対する趣味」と「身体が立派に発達して居ること」の双方に、女子は努めねばならないと記す。今日的な価値観から照らし合わせると、芸術を鑑賞することと容姿の美醜は、異なる次元の問題だと思える。しかし、下田はこれら二つを同一の水準で取り上げている。

また下田は女子の美的感情の程度は、充分なものではなく男子より劣るとみなしていた。

女子は殊に美を愛するや否やは問題である、併し女子は少くも美を愛する風をするものである、音楽会といへば多数に婦人を見受けるが、併しその一〇〇分の九〇は分かるのではない、音楽会は衣服の競争で、聴きに行くのか、見に行くのか分らぬ、しかし流行に後れぬ為め、分る風をして行くのは感心で、追々之れが進めば、本統に音楽も分るようになることであるから、今日は寧ろこの風を奨励すべきで攻撃すべきではない、音楽に限らず、女子の絵画展覧会、其他の会に出るのは悉く美術そのものを愛する為めとは受取れぬ、芝居見物などには意外の動機が這入つて居る。（下田次郎［1904］1973：136）

女子は、自身の身体を着飾ることに終始して、本当のところは「美を愛する」というわけではないと述べている。しかし、「衣服の競争」が目的であっても、芸術を鑑賞するきっかけとなり、本当に理解できるようになるため、これを攻撃すべきではないと下田は述べる。女子は外見ばかりにこだわってくだらないと呆れた調子でやや風刺的に語りつつ、しかし必ずしも悪いことではないとして、批判をやや緩めてもいる。

さらに下田は次のように続けている。

女子が美の賞玩にはまり込む度合は、男子程には深くないようである、一寸した騒ぎ、位置の不便、衣服髪の僅の故障も、その深まりを妨げる、又美と気持ちの好いことを混同するの傾きがある、一体美と云ふ字は濫用されて居る、美味、美風、美徳の美の字は本統の意味に於ける美ではない、斯かる混同は女子に多い、併しそれが必ずしも悪いと云ふではないが、趣味の純粋さから言へば、斯かる混同は避けねばならぬ。

美の標準は個人に依て色々であるが chacun à son goût, 健全な良い趣味は大概極つたものである、普通の人が認めて美とするものは大体は間違のないもので、西洋婦人のコルセット、満洲婦人の足、日本婦人の帯の如きは異常なものであることは公平に考ふれば誰にも分かる、日本婦人の衣服の色、染模様、縞などはなかなか発達したもので、少くも日本婦人はその外形に於ては花のようである、この点に於ては西洋は及ばぬ。（下田次郎［1904］1973：136–137）

女子の「美的感情」は男子ほどには深くなく、「美の賞玩」を妨げる要素として、下田は「一寸した騒ぎ」、位置が「不便」であること、そして「衣服髪の僅の故障」等を挙げ、女子に対する軽侮の念を示している。しかし、続けて、「日本婦人の衣服の色、染模様、縞など」を「花のよう」だと賞賛してもおり、下田の主張は首尾一貫性を欠いている。さらに、肉体的な問題である容姿と、精神的な問題である「美的感情」を下田が併置していることも、今日的な価値観からすれば奇妙に感じられる。

また、すでに見てきたように、下田は「常に自分を美と見て、あらゆる方面に於て益々その美を発達することを努め」なければならないと主張していた（下田次郎［1904］1973：135）。これと同時に「女子は女として美の現身として、固より身体を飾るの必要はあるが、身体的の「我」が「我」の全体では困る」のであり、「小い時から人格を高むるものは馬車や著物ではなくて、高尚なる精神にあることをよく覚らしめ、女子の生活を一層意味あるものとせねばならぬ、これは教育に由るの外はない、富める教育なき母位娘を損ふものはない」（下田次郎［1904］1973:141）として「身体を飾る」ことへの執着をたしなめてもいる。「美の現身」としての女子に対する評価は、肯定的評価と否定的評価という矛盾した要素を同時に内包しているのである。

このアンビバレントな主張を理解するには、西洋で発達した、霊肉二元論の日本での受容という問題について考えねばならない。

西洋思想と霊肉二元論

西洋思想の根底にあるのが、精神に比べて身体を劣等だとみなす霊肉二元論的である。西洋では古典哲学に端を発する霊肉二元論が、家父長制社会の政治的、文化的構造の基盤をなしている（若桑2000b:158）。周知のようにプラトンは存在を本質的なイデアと非本質的なマテリア（物質）に二分し、西欧の形而上学の基礎をつくった。これに基づいて、アリストテレスは『動物発生論』で、次のように男女の性を定義している（若桑2000b:158）。

雌と雄はこれら「生物」の原理なのであるから、雌と雄はこれら「雌と雄」のどちらかであるもの

〔個体〕においては発生のためにあるのである。しかるに最初の動力因（これには概念と形想が内在する）は本性上、質料〔因〕よりも良く、より神的であるから、より良きものがよい悪しきものから分かれている方がより良いのである。それゆえ、そうできる場合には、できるかぎり雄は雌から分かれているのである。というのは、生成するものに雄として内在する運動の原理はより良く、より神的であるからで、雌は質料〔にすぎないの〕である。しかし、雄は雌と生殖発生の遂行のために一しょになり、交わるのであって、これは両性にとって共通なことだからである。（Bekker ed. 1831=1969a:147）

アリストテレスは「雄」を「生成」という能動的な高次の運動に、「雌」を「質料」という「動力因」よりも劣るとされる物質的な属性に、それぞれ分類した。また霊魂が肉体を支配し、理性が感情を支配するという、階層的であると同時に両断的な世界観を抱いていたことを、その著書『政治学』から見てみよう（若桑 2000b:29）。

霊魂が肉体を支配するのは主人的支配によってであり、理性が欲求を支配するのは政治家的あるいは王的支配によってであるから。（中略）身体にとっては霊魂によって支配されることが、また霊魂の感情的部分にとっては理性や有理的部分によって支配されることが自然に一致したことでもあり、また有益なことでもあるということ、しかるにそれらが平等になるか、逆さまになるかすると、凡てのものにとって有害であるということである。（中略）そしてさらに、牡と牝との関係について見ると、前者は自然によって優れたもので、後者は劣ったものである。また前者は支配する者で、後者は支配される者である。（Ross ed. 1957=1969b : 13–14）

アリストテレスは『動物発生論』において「雌はいわば片端の［発育不全の］雄であり、月経は精液であるが、ただ純粋なものではないのである。というのは、ただ一つ、すなわち霊魂の原理が足りないだけであるから」とも記している（Bekker ed. 1831=1969a : 164）。すなわち、「牡」を霊魂＝理性から成る存在とし、「牝」を身体という物質性から成る存在と位置づけているのである。

アリストテレスによれば、霊魂、イデア、運動は「牡」に属し、肉体、物質、受動が「牝」に属するものとされる。霊魂＝理性が肉体の上位にたち、前者を支配するという思想は古典ギリシャでつくりあげられ、西欧キリスト教以降の人間学に継承された（若桑 2000b : 160）。

近代医科学にもこの影響を見ることができる。ダーウィンは『人間の進化と性淘汰』（一八七一年）で、「女性の獲得」をめぐる「男性どうしの競争」が「想像力、理性」を発達させたのだと述べている。

男性の間に女性の獲得をめぐる競争が続いてきた。しかし、単にからだが大きくて力が強いだけで、勇気、忍耐、強い意志の力が伴わなければ、勝利はもたらされなかったに違いない。（中略）

敵を避け、彼らを攻撃し、野生動物を狩り、武器を発明してつくり上げるには、観察力、理性、発明の才、想像力などの高度な心的能力の助けが必要である。（中略）多くの活動において成功を収めるには、想像力、理性などの高度な心的能力が不可欠だからだ。これらの後者の能力は、前者の能力と同様、一部は性淘汰によって、すなわち競争者の男性どうしの競争を通して獲得されたものであり、一部は、存続のための一般的な争いにおける勝利を通して自然淘汰で獲得されたものであろう。（Darwin 1871b=2000：400）

これに対して「女性は、長い間にわたってその美で淘汰されてきた」のだとして、ダーウィンは次のように述べる。

女性は、世界中どこでも、自分の美しさの価値を意識しており、その手段があるところでは、男性よりもずっと自分の身をあらゆるたぐいの装飾で飾るのを喜びとしている。彼女らは、彼らを雌にとって魅力的にさせるために自然が鳥の雄に対して与えた羽飾りを借りてくる。女性は、長い間にわたってその美で淘汰されてきたので、その後の変異のなかのいくつかが限定的に遺伝されるとしても不思議はなく、その結果、女性はその美を、息子に対してよりも娘に対して、より多く伝えることになったはずである。そこで、多くの人々が認めるように、一般的に女性の方が男性よりも美しくなった。（Darwin 1871b=2000：436）

「自分の身をあらゆるたぐいの装飾で飾るのを喜び」としている「女性の方が男性よりも美しくなった」のだという。このように、ダーウィンの学説において、「雄」を霊魂、イデア、運動とみなし、「雌」を肉体、物質、受動とする古典哲学に端を発する見方が、引き継がれていることがわかる。
西洋思想の霊肉二元論の枠組みを、近代日本の男性知識人もまた継承したのである。

美育

すでに見てきたように、下田次郎は、『女子教育』（一九〇四（明治三七）年）で女子は容姿ばかりが美しいと、軽侮を示した。しかし、同著の同じ章で、女子は「常に自分を美と見て、あらゆる方面に於て益々その美を発達することを努め」なければならないと述べてもいる（下田次郎［1904］1973:135）。

女子は容貌の美しさを伸張させねばならないとする主張は、下田一人に限ったことではない。女子は「美を発達」させねばならないと、明治期の教育家は捉えていた。

明治末年頃の高等女学校用修身教科書では、女子にとってもっとも重要なことは結婚まで純潔を保つことであり、これこそが「徳育の要」であると記されている（少女に性的無垢であることを課す「純潔」規範については、本章第二節で説明した通りである）。少女は第一に「純潔」であらねばならないので、「愛」に関する能動的な行動を禁じられており、異性との交際を得ずに、夫となる男性によって選ばれねばならない。婚前の男女交際は望ましいものとはみなされておらず、女子の内面を結婚前に知ることができない男性にとって、容貌の美醜が、配偶者の選択に際して重要な要素となる。そこで、「少女」の外見を異性愛男性にとって好ましく育むことを意図する教育方法が編み出され、「美育」と称された。結婚までの準備過程である「少女」期において、異性愛男性の「愛の客体」として選択されるように、美しい容貌を獲得することが望まれたのである（渡部 2007:114）。この点については、前著『〈少女〉像の誕生』（二〇〇七年）に詳細は譲るとして、しかし「美育」とは何なのかという点について、概略を示すことにしよう。

明治期の女子教育家は、「知育」「徳育」と並び女子の容貌を美しくすることを意図した「美育」の重要性を提唱した。たとえば、永江正直による『女子教育論　全』（一八九二（明治二五）年）、三輪田眞佐子による『女子教育要語』（一八九七（明治三〇）年）、この他複数の著作で男性の「愛情」を得るための「美育」について言及がなされている（渡部 2007:106–112）。その具体的な方法は、衣服や頭髪を美しく整えること、動作を優美にすること、体操によって姿勢を正すことなどであった（渡部 2007:106–112）。

「美育」の思想的な影響源は何だったのか。かつて筆者は、社会思潮という側面から、ヴィクトリア朝の中産階級の人々の抱いた、女性性の理想を挙げた。また、理論的な面においては、シラーの『人間の美的教育』（一七九五年）をはじめとする西洋近代哲学の影響を挙げた（渡部 2007）[22]。

ただし、西洋で発達し日本にもたらされた「美育」の思想は、本来容貌の問題を主とするものではなかった。日本に先行して国民国家を形成した西洋において、市場での労働によって疲労した夫のために、情緒的に安定できる環境を提供することが、中産階級の家庭の妻たちに求められた重要なジェンダー役割であった（Banks, Joseph Ambrose and Olive Banks 1964=1980:79–81）。また資本制社会の進展によって、中産階級の男性は、キリスト教道徳において規定されるような廉潔で道徳的な行動に徹することが不可能になっていた。したがって、家族は魂の単一体であるという考えに基づいて、妻を無垢な状態で家庭に留まらせ、夫の魂を救う役割を付与するようになった（Dijkstra 1986=1994:30–31）[23]。このような男性主体の「媒介」「救済者」としての女性性の理想を、西洋近代思想において「美しい魂」あるいは「永遠の女性」と称する（Daly 1968=1981、Elshtain 1987=1994:218–232、大越 1999）。近代社会の男女のジェンダー規範と近代哲学は無縁ではなく、カント、ヘーゲル等によって代表される近代哲学は「性的差異」の論理であり、仮想としての性的差異を実体化するジェンダー形而上学と見ることができる（大越 1999）。神学秩序を否定した近代哲学は世界認識の枠組みにおいて、「人間（男性）」の真理認識の媒介者を「感性（女性）」に求めた。たとえばカント哲学では悟性の能動性はそれ自体として無力であり、「感性（女性）」の受動性の協同を得てはじめて世界の構成者となりうる（大越 1999:232–233）。また、ヘーゲルによる正・反・合の段階を通過する弁証法は、第一段階での女性的精神と男性的精神との出会い、第二段階での両精神の対立、第三段階での女性的精神の自己犠牲を通しての愛による和解のプロセスを基盤とする論理である（大越 1999:240–241）。

女性性の理想を「道徳の守護者」[24]「美しい魂」と捉える概念は、近代日本でも受容された。ただし美的教育を、精神的資質ばかりでなく、身体的資質の向上という目的によって捉えたのである。

法学者、穂積陳重が東京高等女学校で行った講演を収録した「女学生ノ心得」（一八八八（明治二一）年）は「女学生タラン者ハ美麗ト実用即チ経済ト美術トヲ程能ク調和シ其割合ヲ誤ラザルノ心懸ガ肝要」だとする（穂積［1888］1983:87）。また女子教育には、「美術主義ノ教育」と、「実利主義ノ教育」の二種類がある。編み物や料理法のような実利を学ぶのだけでは女学生の教育として充分ではない（穂積［1888］1983:89–90）。ただし、「美ト用トノ割合」は、身分によって必要な割合が異なる（穂積［1888］1983:90）。華族女学校では「美術主義ノ教育」が、女子職業学校では「実利主義ノ教育」が大切であり、東京高等女学校は国家にとって「脳髄」ともいえる最も大切な「ミツドル、クラス」に属する生徒が多数であるから、「美麗部分モ実用部分モ兼子修メ子バ」ならない（穂積［1888］1983:90–92）。穂積は、女学生の衣服、髪型、動作について、「衣服ニ就テハ特ニ経済ニ美術ヲ兼ルノ注意ガ大切」であり、「髪ノ結様モ用ト美ヲ兼ルガ肝要」であり、「動作ニ於テモ矢張リ実益ト美術ヲ兼子ズバナリマスマイ」として、経済面や用途だけではなく「美」を兼ねることが重要だと述べている（穂積1888:96–98）[25]。

また、より強く身体美の必要性を主張しているのが、井上哲次郎による「女子自然の任務」（一九〇三（明治三六）年）である（井上1903）。井上は、女子の任務の一つとして、「社会の飾り」であることを挙げる。「社会の飾り」とは、「男子の目を喜ばしむべき飾りとなる事」を意味する（井上1903:79）。女子は「自然界に於ける花」と類似の存在で、常に「己れを優美にする事を勉めんければならぬのであります、己れの飾を怠り、容貌態度はどうでもよろしいといふものは決して女子の道ではありませぬ」と井上は主張している（井上 1903：80）。

「美育」の影響源として、『〈少女〉像の誕生』（二〇〇七年）で挙げた西洋近代哲学やヴィクトリア朝の中産階級の人々の女性性の理想に加えて、[26] 科学思想の影響もまた考慮せねばならないのではないかと現在考えている。

矢田部良吉は、「女子教育の困難」（一八八九（明治二二）年）で次のように述べている。

身体の装飾も一種の美術であつて、衣服の色模様の取合せ方抔は其道理を知るべきものです。然るに此事は女子の長所です。是は重に所謂両性間の選択即ちセクシユアル、セレクシヨンよりして斯くなつたものでせう。孔雀其他の鳥類に於ては連合を選む権は雌の方にありますから、雄の羽の色及び形が次第に立派に成つたのですが、人間では此権が男子に帰したから、女子は概して容色も美しくあり且つ身体の装飾も上手になつた事と思ひます。（矢田部 1889：27）

矢田部は、「両性間の選択即ちセクシユアル、セレクシヨン」によって、人間のみは雄が雌を選ぶことから、女子の容色は、「美しくあり且つ身体の装飾も上手」だと主張している。

また、下田次郎は、「女子教育の目的」（一九〇三（明治三六）年）で、「天然の目的は人類をほろぼさないといふ事である。だから、子孫を作るのが天然の要求である。結婚期に於て、男女共に外形の美を表すのは、即ち天然の力である」（下田次郎［1903］1982:4）として、容貌の美と生殖という問題を結びつけて語っており、性淘汰の影響をうかがうことができる。

しかし、女子に美貌ばかりを求める男性たちの主張に、違和感を抱く者は居なかったのだろうか。当時の社会状況の中で、女性知識人は少数で、対等に議論を戦わせようにも、数のうえで圧倒的に不均衡であったが、美しい容姿に育てるという意味での「美育」に対して、異議を表明した者もいた。[27]それは下田歌子である。

下田歌子は、「女子の美育」（一九〇五（明治三八）年）で、「抑《そもそ》も教育は、先づ、始めに、知徳体の三育と大別せしが、近時に至りて尚ほ美育なる一を加へ、今現に、智、徳、体、美と唱ふるに至れり」として、明治三〇年代の後半の教育界で、「美育」を重視する傾向が生じていることを指摘している（下田歌子［1905］1999:63）。ただし、どれほど「形の美」が優れていても、「其の色を変じ、其形を損ずる」ことがあれば顧みるものはいない。それゆえ、「形の美」よりもまず「心の美」を養わなければならない（下田歌子［1905］1999:64）。しかし、「心の美育」ではなく、「形の美育」を重んずる傾向が行き過ぎているとして、下田歌子は次のように述べる。

今の美育を説き、且つ之を修めんとするもの、ややもすれば、其心の美育を後にして、其形の美育を前にするが如きものあるを見て、余は窃かに之を疑ひ、又其結果を危ぶめり。彼等は曰く『女は女らしかるべし。女らしかんと欲するには、必ず美育を施さゞる可からず』と、（中略）若し心の美なくして、形の美のみあらんは、可憐なる彼等年少の女子をして、節を蔑し、操を捨て、浮華に陥り、艶妖を喜ぶ、所謂世の不貞不義の人たらしむるに導くものなりと。（中略）其衣服を美にし、其装飾を盛んにし、以て我が女美なりと誇るが如き、頑迷無智の輩に於けるは、余亦何をか云はん。たゞ惜む。最愛の児を教育して「女らしからしめん」と希ふ人の、動《やゝ》もすれば、其主義目的を定むるに迷ひて、形の美育のみに走り、心の美育を疎かにするが故に、其技芸学問を修め得たる女子の、やゝもすれば、浮華軽佻の徒となりて、遂に桃夭の美徳を称せらるゝものなく却りて、漢広の詩意に背く悲境に陥ることを、希くば、世の女子が美育に留意せらるゝ人、余が無言を捨てられずば幸ひ甚しからん。（下田歌子［1905］1999：64–65）

子どもの教育にあたって、「形の美育」を重視し、「衣服」や「装飾」によって、その美しさを誇るのは、「頑迷無智」であり、容姿の美ばかりを誇る風潮を下田は危ぶんでいる。しかし、下田歌子の教育観は、揶揄や嘲笑を招くことすらあった。これを象徴的に示すものが、彼女が校長を務めた実践女学校の制服であり、これに対する世人の反応である。この制服を与謝野鉄幹は、「現今の女学生」（一九〇四（明治三七）年）において、次のように揶揄している。

嗚呼今の教育は何故に美人を造らむとはせず、却て斯様な醜婦を多く造らうとするのでござりませうか。

図12　実践女学校の制服（1920年頃）（創立一〇〇周年記念事業一〇〇年史編纂委員会編集 1999）

先ず嘆息するのは服装です。或るものは鼠色の筒袖の殺風景な上衣を被らせて、女子が服装の美を一切押隠して居る。下田歌子氏の実践女学校などが其例です。（中略）

右様の服装は質素と云ふ事から割出したのであらうが、私共は今の教育者の物の分らぬに驚かねば成らぬ。（中略）斯様な服装を以て飾られては、如何な美人と雖その美を失つて了ふ。（与謝野 1904：82-83）

鉄幹は、実践女学校の制服（図12）を、女子の「服装の美を一切押隠して」しまうものだと評している。続けて、次のように主張する。

此に至つて私は断言します。女子教育は女らしい女を造るのが目的です。美くしい人間の花である少女を造るのです。然るに今の女学生には、不幸にして女らしい女、少女らしい少女を見ることが少ないのであります。それは前に述べた如き服装にも由り、また言語挙動にも由りませうが、更に根本の教育の目的が私共の考とは違つて居るからです。

今の女子教育の目的は、女らしい女を造るのでは無く、二言めには賢母良妻を造ると云ふのです。是は今の女子教育者の甚しい不量見であります。（中略）

鬼の面の如き醜婦で、嫁入口の無い女教師先生達が、自ら経験した事も無い賢妻良母主義の教育に従事するのも矛盾して居ますが、又その変生男子流の女教師先生に、この娘らしい娘の教育をなさる資格も欠けて居ます。（与謝野 1904：86–87）

良妻賢母教育に携わる女教師を、「鬼の面の如き醜婦」「嫁入口の無い」存在として、鉄幹は嘲笑する。[28]

下田歌子の「女子の美育」は、与謝野鉄幹の論説の翌年に発表されている。鉄幹の論説を目にしたうえで、女子に美貌ばかりを求める社会的風潮への警鐘という意味合いを込めて発表したのかもしれない。

職業達成ではなく結婚することを女子に求めた近代社会において、「美育」は、精神の美という問題ではなく、良縁の条件となる容色の美を獲得することと解され、女子教育において発展した。「雌」をマテリア（物質）とみなす西洋古典哲学、およびその系譜に連なる近代科学による性差の定義と、浪漫主義的な女性観が融合し、容姿の問題として「美育」の思想を受容したと解釈することができよう。[29]

化粧と進化思想——美容家・藤波芙蓉

ダーウィンは、「女性は、長い間にわたってその美で淘汰されてきた」のであり、「自分の身をあらゆるたぐいの装飾で飾る」という行為を、性淘汰に勝利する手段だと捉えた（Darwin 1871b=2000:436）。鳥類のように、羽飾りを持たない人間の場合は、化粧や着衣による装飾が身体を飾る方法だと考えられる。では、近代日本の美容に、進化論は何らかの影響を与えたのだろうかという疑問が生じる。美容書を見てみると、性淘汰に勝利するための手段として、「化粧」の重要性を主張していることがわかるのである。

たとえば、医師の佐々木多聞は、『新化粧』（一九〇七（明治四〇）年）で、化粧と進化の関係について言及している。なぜ「女は能ふ限り美しくならねばならない」のかについて、次のように説明する。「人間が始めて此世に生じた時代」は「男が美しかつた」。「総ての動物」がそうであるように、人間ももとは「男が女の寵を争ひ求めた」。しかし、「人間社会の智識」が啓けて、「生活は分業」になり、「戦闘」に堪えられないことから、「女は、男に頼らねば」生きていけなくなった。そこで人間だけは「女の方から男の寵」を求めるように変わった。これは「生物進化の学問が、立派に証拠立てゝ居る」と述べる。そして、「男の目を引く必要」が生じたため、「容姿を美しくする」「化粧は此様な必要から始まつた」のだと佐々木は記す（佐々木 1907:5-7）。

さらに、翌年の一九〇八（明治四一）年の玉木廣治編、東京美容院発行による『欧米最新美容法全』は、書名が示す通り、欧米の最新美容法を伝える内容であり、その緒言は美容とは何かということについて次のように述べる。「美の要求は化粧にあり＝美容は男女自然の要求である此の要求は化粧の発達進歩に伴ふもので生物進化の学理が證して居る事柄です」（玉木 1908：2）。さらに「女は人間の花」であり、また「美の化身愛の権化」という「天性」を備えているはずだが、「実際に於て容貌の極めて美しい女と云ふ者は尠い十人並の容色と云ふものすら少い女子の多数は醜い部に属して」いるのではないかと述べる（玉木 1908：3-4）。しかし、「花の如き美人を多く造りたい」のであり、「一朝一夕に出来」ることではないものの、「適宜の方法を以て実行する事が出来る」と語る（玉木 1908：5）。その方法を玉木は次のように記す。

一面には美人を多く生む為めに美男と美女の結婚を奨励し人種を改良する事と体育を奨励し身体を健全ならしむることが良策である
一面には男女心身の美を添ゆるがために内部性情の教化と外部容貌の矯正を図り自然淘汰と人為淘汰と相俟つて行はねばなりませぬ（玉木 1908：5）

ここで注目すべきは、玉木が「心身の美を添ゆる」ために、「自然淘汰と人為淘汰」を行う必要性を説いていることである。

続けて「家庭は女の愛を引く力を以て特長として居り」「女の愛は容貌と品性とにあるから容貌の美と品性の美と相伴ひ其の美を磨かねばならぬ」と述べる（玉木 1908: 5–6）。つまり「女の愛」の根源となる要素を、身体的な要素と精神的な要素を並列して位置づけているのである。

さらに「化粧」が進歩してきたその原因について、次のように説明している。

> 女は男を慕ひ男は女を愛する微妙の心情が男女の容貌体質を美的に発達せしめ男女両性の進化が化粧を進歩せしむる原因となつた（玉木 1908: 6）

「愛する」という「微妙な心情」が「男女の容貌体質を美的に発達」させ、この「男女両性の進化が化粧を進歩」させる原因となったのだとする。また同著は、「化粧」の文字を「「ばけよそほふ」と解するは穏当《おだやか》でない女は変化であると云ふ意味から来たと云ふのも当を得ない」と捉え、「化の字は進化＝改良進歩の意味」だと解釈する（玉木 1908: 7）。さらに、「化粧の巧拙は其国の文化の程度を示す」ものだと主張する（玉木 1908: 10）。

なお、先に引用した、与謝野鉄幹による「現今の女学生」（一九〇四（明治三七）年）と、『欧米最新美容法　全』（一九〇八（明治四一）年）の引用箇所の一部は、内容だけでなく文体までもが酷似している。両者を比較すると、発表時期は、鉄幹の方が早い。著名人であった鉄幹の著作物を参考にしている可能性がある。[30] また、淘汰に勝ち抜く手段と化粧を捉えるのが、藤波芙蓉（一八七二（明治五）―不明）による『美粧』である（初版は一九一六（大正五）年であり、筆者が確認できたのは、一九一九（大正八）年の第九版となる）。『婦人画報』や『少女画報』等を発行していた東京社から出版されている。芙蓉という花の名前を冠していることから、意外に思えるが、彼は男性である。明治末から大正時代にかけての「いわばカリスマ美容家」といった存在であり、「江戸時代以来の伝統的な化粧から近代的な化粧」へという、「日本化粧史の転換点のキーパーソン」だったと富澤は説明する（富澤 2007:4-5）。『女子文壇』や『婦人画報』等に、美容記事を連載しており、芙蓉プロデュースの化粧品の通信販売等もしていた（鈴木 2013:128-131、鈴木 2014、富澤 2007:4-5）。藤波は「美粧は何故に婦人に必要か。」と題し、化粧をなにゆえにせねばならないのかという問題について論じている。

あらゆる生存は競争であります、而して適者のみ独りよく生存するは、自然に約束されたる淘汰の理法であります。（中略）権力、智力、腕力、学力、金力、何でも力の優つた者は、適者として勝ち、劣つた者は、敗けて、生存することを許されないのです。今の世の婦人は是等の力に於て何れも男子に及ばぬとされてゐます。この時に際して、婦人は、何を以て自己の力を、男子のそれと競争して、生存を全うすべきでせうか。（藤波［1916］1919:6-7）

藤波は、「生存」は競争に勝ち抜いたものだけに許され、「適者」のみが生存するのだとする「淘汰の理法」があり、「権力、智力、腕力、学力、金力」のいずれにおいても男子に及ばない婦人は、どのようにすれば男子と競争して生存を全うできるのかと問題提起する。引用部分に続けて、藤波は、「智力、学力」を得るため「高等の教育」を受ける、「体操、拳闘、柔術」を習って腕力を養成する、あるいは社会で「権力、金力」を得るという方法も悪くはないものの、いたずらに男子と競争しても「劣敗者」として終わるだけだと記す。なぜなら、「天の神」は「二物を恵んでは」くれないからであり、しかし「男性的の力」に対して、婦人に与えられた「女性的の本有力」があるのだと主張する（藤波［1916］1919:7）。その力について述べた部分を次に引用する。

美は婦人にのみ恵まれたる唯一の力でありませう。（中略）されば婦人にして、優に適者として生存するには、どうあつても、美しくなければなりませぬ、（中略）男子の権力、智力、腕力等の等差あるが如く、婦人の美にも、各自種々差異があります。この間に立つて、他より美しくならうとするには、心して修容の道に周到の注意を払はねばなりませぬ。（中略）婦人として、美を得る為に満腔の努力を傾けねばならぬといふことは、明かな道理でありませう。而して此美に美を添加せしむる方法は、云ふまでもなく修容の道を尽すの一事に極つて居ります。修容とは化粧術のことを申すので、化粧こそは、醜化転美の唯一の方法であります。（藤波［1916］1919:9–10）

「美」こそが婦人に恵まれた「唯一の力」だと藤波はいう。ただし、男子の「権力、智力、腕力」等と同じく、婦人の「美」にも個人差があり、他者よりも美しくなるための修養が、「化粧」であり、

「醜化転美」の唯一の方法だと主張している。続けて、藤波は、婦人の運命を「栄ある日の下に色美しき花束となつて輝くか、或はまた名もなき小草の人に知られで野径に凋み行くかの二岐」へと分かつほど、化粧は重要だと述べる（藤波［1916］1919:11）。つまり、美しくなるための修容としての化粧こそが、婦人が人生で成功するうえでの鍵なのだという。

藤波は、婦人が教育を受けること、実業界で活躍すること、体力を養うことをナンセンスだと一笑に付した。しかし、どれほど努力しても、容姿の美は、時間とともに失われて行くものである。男性が獲得した成功は、加齢によって必ずしも失われるものではない。これに対して、美貌による成功は、維持することが困難であり、不安定なものであったといえるだろう。

このように、近代日本の複数の美容書において、化粧と「性淘汰」との結びつきを見ることができる。生存競争で女子が生き残るために磨いていかねばならないのは、「智力」や「腕力」ではなく、「美」だとされたのである。

第四節　女子教育制限説――「逸脱」を阻む科学的法則

早熟な女児の教育法

本章第一節で見てきたように、十代の女子は、心身を病みやすいと捉えられていた。その要因として考えられていたのが、初潮の到来である。しかし先天的、潜在的な要因の他に外的な要因に関して、当時様々な指摘がなされ、その対策について考察がなされた。とりわけ、学校が与える影響や、適切な教育水準が議論の対象となった。

この章の第一節で引用した榊俶による「若き婦人の精神病」（一八九六（明治二九）年）は、「若き婦人」を「精神病」に陥れる、その社会的な要因についても触れている。現今の「結婚法」や「離婚法」等の社会制度が女子にとって不利であることが、「影響を精神上に及ぼ」し、また「食物衣類に至るまで、夫に比較して見ると、婦人の方が何れも粗なる物を用ひて」おり、「充分に衛生を尽すと云ふ事は」できない。そこで「其間の精神病と云ふものは、割合に余計に在る」のだと論ずる（榊[1896b]1990:9–10）。しかし「斯う云ふことは除はなければならぬと云つて着手すると云ふ事は、到底望むべからざる事」すなわち、外的な要因を特定したところで、根本的に除くことは不可能だと述べる（榊[1896b]1990:12）。

榊は、現実的に対応できる方法として「先づ差当り御注意の有るべきは、女子が小児期からの容子を御覧になツて、此子は普通の小児即ち健全なる小児とは身体と精神とがドレだけ差があるかと云ふことを、常に注意して居るのが最も必要」なことだとする。そして「ドウも此子は齢より怜悧過ぎるとか、或は他の小児より進歩が遅いとか、若くは充分でないとか、或は記憶が悪るいとか、或は悪るい癖」があるとか、注意しなければならないと指摘する（榊[1896b]1990:12）。榊は問題行動の例として、「両親の命に順はぬ」「厳格或は温柔に取扱ッても悪しき癖が去らぬ」「普通の小児より非常に静で、所謂大人じみた容子の小児」を挙げる。興味深いのは、この「大人じみた容子の小児」について、特に榊が紙幅を割き、精神病を発病する危険性について警告していることである（榊［1896b］1990:13）。

女児が六ッ七ッ八ッ位ゐの齢になりますると、好んで御手玉を取り、羽根を突き鞠を弄して、余念なく遊ぶのが普通であるものを、ソレ等の遊戯は更に致さないで、お祖母さんの傍で継物を為し或は厨屋《だいどころ》で下婢《をさん》の手伝などを致したがる小児も有ります。サウ云ふものにも御注意がなれば《ママ》ならない、而して是れは教育上の結果から来たか、或は全くの性質であるかを識別して、適当の人と協議してソレに因ッて教育の方針を定むるか宜い。世間一般の習慣として、子供の中に怜悧《りこう》で殊に機用《ママ》であッて、音楽を奏でさせればたくみに調を合せ或は裁縫をさせると仕立屋も及ばぬ位ゐ、或は書画の様なものを美しく作るとか云ふやうな者があるが、ソレ等は多く精神の発育が偏ッて居るので大概年を取ッてから身体精神の発育が止つて仕舞う、恰も蘖芽の独活の様で、無理に育っても、外に出して置くと枯れて仕舞う、是れと同じ道理故若しソレに強いて学校教育を授けると、遂に中途にして枯るゝるやうな不幸を見るに至る、故に斯う云ふものには、余り学校教育などはさせぬ方が宜い、或は精神のみならす身体の発育も停ッて仕舞ひます。（榊［1896b］1990:13）

「怜悧」で、音楽や裁縫、書画等に秀でている女児は、精神の発育が偏っており、「大概年を取ッてから身体精神の発育が止つて仕舞う」から、学校には行かせない方がよい。秀でた能力を持つ女児は発育の偏りによるものと危険視され、このような女児は将来教育を受けない方がよく、仮に進学したならば精神だけでなく、身体の発育も止まってしまうと榊は記す。

能力の高い女児を優秀として歓迎するのではなく危険視したのはなぜなのか。第二章第一節で、早熟を早衰とする医科学の学説について言及した。しかし、早熟な女児を就学させるべきではないとする主張の根拠を、この学説では説明しきれない。

エネルギー保存の法則

これは、ハーバード・スペンサーの学説に基づいたものだと考えられる。

すでに第二章第一節で触れたように、スペンサーは一九世紀後半にあっては進化思想のポピュライザーとして、ダーウィンにまさるとも劣らぬ広汎な影響力を有していた（荻野 2002：207）。

エネルギー保存の法則は、ダーウィンが種の起源の構想をめぐらしていたのと時を同じくして、ドイツ、イギリスの物理学者（複数の物理学者の寄与によって完成したが、はじめて一般的な数式のかたちで発表したのは、ドイツの物理学者で生理学者のヘルマン・フォン・ヘルムホルツである）の間で形成された。エネルギー保存の法則とは、エネルギーは作り出されることも、破壊されることもなく、あるシステムのエネルギーは、運動のための有用性は減少しても、常に一定に保たれるのであり、エネルギーのタイプはさまざまであっても、すべて互換性があるというものである（熱が運動にかわり、運動が熱にかわる）。スペンサーはこの法則を、彼の全思想体系の基礎とした（Russett 1989=1994：139–141）。

スペンサーは、「人間が消費できるエネルギーの量は有限であるから、大部分のエネルギーを種の再生産のために使わねばならない女は、それ以外の活動や知的発達に割けるエネルギーの絶対量が少ない」と主張した。女子教育の弊害にスペンサーはしばしば言及し、「少女時代に脳を酷使した女は不妊になりやすい」とか、「すこやかな子どもを産んだり授乳することが困難になる」と述べており、この考え方は同時代の医師たちによって、愛好され広められたと荻野は指摘する（荻野 2002：210）。

女子が男子学生と同様の教育を受ければ、生殖系の発達が疎外され、不妊や結婚忌避などの重大な障害が起きて人類の将来が危うくなるとする医師たちの主張は、高等教育や専門職の開放を阻止することを意図するものだったと、荻野は解釈している（荻野 2002：210）。「母性機能」の維持のために、女子は一定量のエネルギーを確保する必要があるとする立場にたつ論者の中で、最も有名で影響の大きかった人物の一人として、ハーバード大学の薬物学教授エドワード・H・クラークを荻野は挙げ、その著作『教育における性』（一八七三年）において、クラークは「女が男と同じように教育に挑戦し、脳を酷使するとすれば、彼女の脳と生殖器官との間で限られたエネルギーをめぐって争奪戦がくりひろげられ（中略）とくに思春期にこれが行われれば生殖器官の正常な発達が阻害される」と述べていると指摘する（荻野 2002：171–172）。

近代日本においても、スペンサー流のエネルギー保存の法則は受容されており、詳しくは後述するが、たとえば下田次郎は『女子教育』（一九〇四（明治三七）年）で「スペンサー曰く、精神は身体の如く、或る度を越えて同化することの出来ぬものである」（下田次郎 [1904]1973：248）と記している。

荻野美穂は、西洋医科学で発展した性差論を、「性別領域イデオロギーの受益者の側に立っていた男性科学者たちが、女はかくあってほしいという願望を生物学的宿命論に託して表現した」ものと解釈している（荻野 2002：218）。

科学の名のもとに生み出された性別領域イデオロギーは、近代日本にも受容され、女子の精神のあり様を規定したことを、続けて明らかにすることにしよう。

学校の害

明治政府の御雇い外国人として、東京大学に招かれた医師エルヴィン・フォン・ベルツもまた、エネルギー保存の法則に基づき、女子に高等教育は不要であるばかりか、有害だと考えていた。ベルツは、一八七六（明治九）年から一九〇二（明治三五）年まで、御雇い教師として東京医学校（在職中に東京大学医学部、帝国大学医科大学、東京帝国大学医科大学と名称変更）に招かれ、二六年の長きに渡って教鞭を取った。日本で最初の精神病学講義を行ったのがベルツである（岡田 2002：124）。

大日本女学会でのベルツによる講演録「日本に於ける婦人教育」（一九〇二（明治三五）年）は、教育と女子の健康との関係について説明している。

ベルツは、「日本の御婦人方に、西洋の如き所謂大学的の高等教育を与へる事は、宜いか悪いか疑ふ所」だと考えており、「強き個人主義、又は自ら権利を尊ぶ自尊主義を婦人教育に入るれば、大なる不幸の結果を来すに違ひない」（イーベルツ［1902］1991：31）とみなしていた。高等教育が女子に有害だとする根拠をベルツは、次のように説明する。

クラーク大学の校長は「今日の婦人教育は有害なり」と云ひ、婦人の医者として大家なるウエアーミッチェルは「高等教育を受けた婦人は母となるに適せぬ」と云ツて居る。又センチュリオンユニオンと云ふ人も、「高等教育を受けた人々の身体は、他の婦人に比して体質が弱く、若し一人の子が出来れば、非常に衰弱する」と云ッて居ります。或は「高等教育を受けた女子の有様は、宛然神経の塊りである」とも云ふ様な者で、斯かる教育を受けた人が半途に至れば、他の婦人よりも大に体質が衰弱して来るさうです。（イーベルツ［1902］1991：26）

またベルツは医師の証言として、イギリスの「婦人医者アルベラケニィル」を挙げる。やや長文となるが引用しよう。

尚英国に於ける一個の婦人医者アラベラケニィルの書いた面白い事実が御座います。其れは両人の婦人があツて、立派な子供を造る事を予期して居ツた、所が一方の婦人は容貌も立派で、大学を卒業したから総ての学術に達して居る人であツた、而して其婦人は、吾が思ツた通りの理想の子供を儲ける積もりで、母たる資格に必要なる事を生理学上から研究し、スープを飲んだり、肉を食べたりした上、猟に出たり、馬に乗ッたりしてして身体の健康を保ち、唯其目的を達し様と期して居りました。モウ一方の婦人は、極く静かな内気な人で、美術上の思想には富んで居たが、自ら進んで事をする様な性質ではなかッたので、恰度ミッスベーコンが書かれた、日本婦人の如き性質を有ッて居た方で御座いました。斯の両婦人が互に善い子を得たいと思ッた。然るに一方の才色共に勝れた上、体格も知識も完全なる婦人に依て生れた子供は、弱く愚鈍であッたが、今一個の婦人の子供は、精神に於いても、身体に於いても申分なく、普通の者より勝れて居ッた。乃で私は、身体も智識も充分発達した方の婦人は、吾が身の為に総ての精力を使ひ尽したから、生れる子供に之を分け与へる事が出来なかッたのである。然るに一方の婦人は、自分の身体を発達させる事が出来ぬ為め、其勢力に余分があるから、其れを生れる子供に分け与へた結果が現はれたのであると考へます。

（イーベルツ［1902］1991：26–27）

すなわち、イギリスに、「善い子を得たい」と思う二人の婦人がいた。一方の婦人は、「容貌も立派」で、大学を卒業し「総ての学術に達して居る」人だった。そのうえ、「母たる資格に必要なる事」を「生理学上」から研究し、食生活と運動の面から身体の健康に万全の配慮をした。一方の婦人は、「極く静かな内気な人」で、「美術上の思想には富んで居た」が、「自ら進んで事をする様な」性質ではなく、ようするに平凡な婦人だった。しかし「体格も知識も完全な」婦人からは「弱く愚鈍」な子どもが生まれ、平凡な婦人から生まれた子どもは、「精神に於いても、身体に於いても申分なく、普通の者より勝れて」いた。ベルツは、「体格も知識も完全な」婦人は、「吾が身の為に総ての精力を使ひ尽した」ため、子どもに「之を分け与へる事」ができず、平凡な婦人は、「其勢力に余分が」あるため、「生れる子供」にわけ与えることができたのだと説明する。
またベルツの助手を務めた山田鉄蔵による「神経質の話」（一八九九（明治三二）年）は、この章の第一節で、「ヒステリー」の症状について考察する際に言及したが、日本女性の現状についても、次のように記している。

御婦人は尚更通例女大学の一冊も読めば足りて居つた、然るに今の世はなか〳〵さう云ふ訳に参らぬ、小学より甫つて高等の学科を修め、其上に尚ほ音楽或は礼義作法と云ふ様なものを御研究にならなければならない訳で御座いますから、古の婦人と比べては、今の婦人はなか〳〵に学ぶ事か多く、従つて脳を労することも増して参つたので有ります。（山田［1899］1991：8-9）

かつてよりも学ばなければならないことが増えたので、「今の婦人」は「脳を労する」のだと山田は述べる。続けて、教育が心身に有害なその理由を、以下のように説明している。

小学校では先づ一日の授業時間五時間と定つて居りますけれども此五時間も学科の難易に由つて其精神を労する上に大変な差が有ります、小児に学科のむづかしきものを授け、或はまた宿題を授け、或は又修学時間と遊歩時間の平均が悪るいとか、或は教師があまり厳酷であるとか云ふやうな事は小児をして神経質にならしむる原因で有ります又御婦人には有り勝ちの事ながら学校以外に琴の稽古、茶の湯の稽古、挿花の稽古と云ふやうなものを盛に御授けになるが、是等の事は余程御考へを要すること丶存じます。一体御婦人は幼い時より非常に名誉心の張つて居る者で有ります、又幼年の時勉強力も男子に比較して一層強いのであります。御両親方は学校の出来栄を御覧になつて先づ出来得るだけの仕事を御授けになり本人も負ぬ気になり堪得るたけ勉められると云ふは総て通例の様で朝から夕まで少しの暇もないやうにいろ〳〵の事業《しこと》を授ける、是れが最も神経質と云ふ病に取つては宜しくないのであります。実験上小学校に於きましても、毎も成績抜群であると云ふ様な生徒は主に神経質の人に多い、先達より時々見受けますが、所謂ヒステリー性（引用者註：傍線原文ママ）の声体の麻痺と申して声が枯れて出なくなる、或は舞踏病、四肢の総ての筋が運動してまるで舞《おどり》でもして居るやうな病に罹つた婦人を三四回接しました、又ヒステリ性の発狂、又一時性の痴鈍症等を見受けましたこれらは皆試験後から起た病の様て御座いました是れ等に点に就ては切に皆様の御注意を煩はしたいので有ります。（山田［1899］1991：11）

小学校の「授業時間五時間」も「学科の難易」によっては、「小児」が「神経質」になる原因となる。また学校以外の稽古についても熟慮しなければならない。「朝から夕まで少しの暇」もなく「事業《しこと》を授ける」ことが「神経質と云ふ病」に取ってよくなく、「成績抜群であると云ふ様な生徒は主に神経質の人に多い」のであり、過度の学業が原因で発狂することもあると山田は述べる。

エネルギー保存の法則を根拠に、女子教育を制限すべきだと主張した理由は何なのか。明治政府は、兵士と労働力の再生産に尽くす良妻賢母を育成することが、国家の発展に不可欠だということを認識していた。そのためには、国家に貢献する男子を養育することができるだけの知識を女子に習得させる必要があった。そこで、女子も教育を受けることが奨励される。

しかし、女子の能力は男子を超える必要はない。女子に天才は不要であるばかりか優秀すぎる女子は男性の領域を侵す危険性がある。天性に優れた女児の能力を伸張するよりも、平凡に育てることを良しとし、その正当性を与えたのが、エネルギー保存の法則だったと考えられよう。

女子教育家の反応

女子は虚弱であり、心身に異常をきたしやすく、学校が病の要因となることがあると医師が捉えていたことを先に見てきた。教育を推進すべき立場にある教育家たちは、この問題をどのように捉えていたのだろうか。

東京大学教授や、東京高等女学校校長を務めた、矢田部良吉による講演録「女子教育の困難」(於大日本教育会)を再び取り上げることにする。矢田部は、「今日の如く女子教育の必要を感ずる時代は未だ曾てあらざりしこと」であり、「良き母を造り出す」うえでは、「婦人の教育」が必要だと記す(矢田部 1889:22–23)。続けて、「女子の身体と精神との発育の自然の紀律に従つて其発育の力を補助して完全なるものにせんとするに方りましてハ、種々考へねばならぬ事が生じて来ます」と問題提起し、女子教育に関する自身の考えを次のように語る（矢田部 1889：22–23）。

女子の体質は男子よりも弱く、且つ男子と異りまして生理上大切なる役目があり、且つ此役目の為めに込入たる機関《ママ》を具へて居ります。然るに中学の程度ぐらゐの教育を受くる女子は此機関《ママ》の方さえ発育して完全ならんとするの年齢に当る者でありますから、男子同様に学問に従事せしめまする時は、其身体の発育に大害を起すことがあるとの説は外国の経験に依て明であるやうです。是は生理上斯くあるべきことです。なぜなれば人体の滋養に限りある故に、一の機関《ママ》が方に発育する時は、之に多分の滋養を要するに相違ない。然るを此滋養を他の機関《ママ》即ち脳髄の方に多く使用すれば、随て発育すべき機関《ママ》即ち生殖機関《ママ》に充分の滋養を使用することが出来なくなる訳であります。して見れば、女子の修むべき学科の種類も修学の時間も男子とは幾分か異なるやうにすることが肝要です。（矢田部 1889：23–24）。

女子の体質は男子よりも弱く、また男子と異なる「生理上大切なる役目」があり、その役目のためにある「込入たる」器官すなわち生殖器は、中等教育程度の年齢では発育の途上にあると矢田部は述べる。この年齢にあたる女子が、「男子同様に学問に従事」すると、「身体の発育に大害を起すことがある」。なぜならば、「人体の滋養」には「限り」があり、それにも関わらず「（引用者注：滋養を）脳髄の方に」使用すれば、「生殖機関《ママ》」の方の発育に使用する量が足りなくなるからである。そこで、男女によって、学科や修学の時間を異なるようにすることが重要だという。矢田部の主張は、エネルギー保存の法則に依拠しているのは明らかである。すでに述べたように、矢田部は東京高等女学校の校長を務めており、科学思想を基盤とする彼の主張は、女学校での教育方針に直接に影響したと見ることができる。さらにいえば、東京高等女学校は、一八八二（明治一五）年に文部省が日本全国の女子中等教育の「標準」としようとして、東京女子師範学校の付属高等女学校（一八八六（明治一九）年に東京高等女学校と改称）として設置した学校であり（高等女学校研究会編 1990:11）、したがってその影響力は他の女学校とは一線を画する大きなものであったと考えることができる。

次に、女子教育家が、「女子の心身」についてどのように捉えていたのか、見てみることにしたい。下田次郎は、『女子教育』（一九〇四（明治三七）年）において次のように述べる。

学校が神経衰弱の有力なる一原因であることは争へない。（中略）女子はこれまで教育らしい教育を受けなかった、それが今日急に高等な教育を受けるようになつた為めに、その害は男子よりも大である、今日の学校は女子の精神を苦むることが非常である、学問は出来る、その代りには月経不順、顔色蒼白、身体及び神経の衰弱を起して、終には死ぬるものがある、（下田次郎 [1904] 1973:247-248）

「学校」が「神経衰弱の有力なる一原因」だとされ、「月経不順、顔色蒼白、身体及び神経の衰弱」

を起こすとする、医学の学説を下田も共有していた。

具体的に、学校生活の何が、女子に悪影響を与えるのであろうか。

女子教育家は、単り身体の衛生のみならず精神の衛生に居常充分注意せねばならぬ。スペンサー曰く、精神は身体の如く、或る度を越えて同化することの出来ぬものである、不消化物の食ひ過ぎが身体の営養を害するように、不消化の知識を過度に注込むことは精神を害する、（下田次郎［1904］1973：248）

下田次郎は、スペンサーのエネルギー保存の法則に依拠し、「知識を過度に注込むことは出来」ないとみなしていたのである。とりわけ、「女子は生理上男子よりも早く疲労」するので、「男子よりは授業時間を短くして、休憩の度数を多くするの必要がある」と下田は述べる（下田次郎［1904］1973：259）。また試験は「一時に精神を使ひ過ぎる」ことから「神経衰弱」「脳病」の要因となる。女子は「恐怖、心配、虚栄心、嫉妬等が烈しいから試験の害は一層酷い」のだと記す（下田次郎［1904］1973：261）。そもそものところ、「発情期の後十五歳から二十歳の間に婦人の死亡は通例男子よりも多い、此間は女子に殊に危険な時である」（下田次郎［1904］1973：45）と下田は捉えており、これは、高等女学校、そして彼が勤める高等女子師範学校在学中の女子に充当する年齢である。

また女子は勉強をしすぎると、不妊を招くと語る論者たちもいた。たとえば、伊賀駒吉郎は、次のように述べている。

非常に高尚の専門学を以て秀でて居る婦人の如きは我々から見ると最早中性的のものになつて居る様に見える。（中略）其の子に好遺伝を与へながら猶且つ男子と同等の学術技芸を研究せしめんとするが如きは不可能の注文である。（中略）して見ると婦人に男子と同等の高等教育を施さんと欲するの論者は婦人を石女、中性的の人間たらしむる迄の覚悟で以て立論をせねばなるまいと思ふ。（中略）無論一面から見ると多数の婦人中極めて少数のものが中性的の人間になつた所で社会国家の為めに甚だしく憂ふるに足らないかも知れぬが然し原則としては勿論大々的反対である。（伊賀 1907:590-591）

推奨される以上に勉強に励んだ婦人は、「石女《うまずめ》」すなわち子どもを産むことができなくなり、「中性的の人間」となると伊賀は述べる。また伊賀は「少し言ひ過ぎるかは知らないが古今東西の偉人傑士の母には無学な農夫などが多い。学問に浮き身をやつす女子に健全な小供の出来ることは甚だ少ない。人は余り高尚な学問をすると兎角は神経質になる」（伊賀 1907:378）とも記している。勉強をしすぎると女子は不妊となるとする見解を示すに際し、伊賀が依拠したのは西洋の学説であった。伊賀は「スペンサー氏は曰く身体的労働は女子の精神力を減削するものであるが、然し石女となるのは過度に脳髄を使用した結果である」（伊賀 1907:580）と記している。

このように、教育が女子の健康を害し、不妊を招くとする医師の見解を、これらの教育家は支持したのである。

ただし、教育の有害性を主張した、下田、伊賀等も、女子に教育が不要だとみなしていたわけではない。女子も教育を受けるべきではあるが、それはあくまでも妻となり母となるために必要な水準に留められねばならないと考えたのである。「女子は教育の仕方一つで、身体と精神が並行して完全なる発達を為し得る」（下田次郎［1904］1973：248）のであり、したがって「食物及び知識は心身に適度に与へられねばならぬ」（下田次郎［1904］1973：249）と下田は述べており、適切とされる程度の教育を受けている限りは、女子は健全さを保つことができると主張している。

もっとも、教育によって女子が不妊となるとする学説を、明治期のあらゆる教育家が支持したわけではなかった。この見解に対して、真っ向から意義を唱える論者もいた。

成瀬仁蔵は、『女子教育』（一八九六（明治二九）年）で、次のように述べている。

> 余は（引用者注：アメリカの）諸大学巡廻中、務めて女学生の健康をも調査せしが、大学総理、教授、若くは受持医師等の證明する所によれば、女生《ママ》の入校せし時の健康と、卒業の時の健康とを比較するに、卒業の時期には其健康大に増進せしこと確実なりといふ。且つ、大学女学生を他の不学女子に比すれば、女学生の方、遥に健全なり（中略）。
>
> 故に、女子高等教育は、女子の健康を犠牲とするを要せざるのみならず、却て女子の健康を完全

にするものたるを証明せりと謂つ可し。（成瀬［1896］1974:63）

成瀬は、自身がアメリカに赴いた折に、女学生の健康を調査したところ、大学に学ぶ者は、大学に学ばない者よりも「健全」であることが明らかになったと記している。なお、『女子教育』を出版した一八九六（明治二九）年二月当時、成瀬は大阪の梅花女学校校長を務めており、キリスト教主義私立女学校校長という立場からの発言であった（中嶌 2002:98–107）。

さらに、官立学校の教員によっても女子教育制限説への反論がなされており、そうした例として、篠田利英（一八五七（安政四）年—不明）による大日本教育会での講演録「女子の高等教育と其の健康と。」（一八九五（明治二八）年）を見てみよう。篠田は、高等師範学校を卒業し、群馬師範学校教諭を経て、一八八七（明治二〇）年から一八九〇（明治二三）年まで文部省所属として、アメリカのジョンズ・ホプキンス大学に留学し、帰国後は女子高等師範および附属東京高等女学校に勤め（手塚晃、国立教育会館編 1992:447、東京女子高等師範附属高等女学校編 1932:125）、文部省検定高等女学校修身教科書（一九〇一（明治三四）年）の刊行に際して、その編纂をしている。したがって、当時の女子教育界において、国策に近い立場にあった人物と見てよいだろう。

篠田がこの講演内で述べる「女子の高等教育」とは、どの程度の教育を指しているのだろうか。日本の場合ではこれは、「女子高等師範学校」や、また教育内容は「左程高等」ではないものの「高等女学校」を指すと説明する（篠田［1895］1974:9–10）。

篠田は、アメリカの「医者で、クラークと云ふ人」が、「(引用者註：学校に) 這入つて居る中に病気になつたとか」「卒業して間もなく死んだとか」「結婚しても、子供が出来ぬ」という例をたくさん挙げ、「女子に高等教育を施すのは、宜しくない」と述べていること、では日本ではどうかというと、教育を受けた人が「虚弱である」「結婚して居るけれどもまだ子供がない」とか、「卒業した後何年たつてから死んだ」というような「一人一人の話に就いては随分苦情を聞く」ものの、それが事実かどうか十分な調査がなされていないことを指摘する(篠田［1895］1974:8–9)。このため、高等教育と女子の健康との関係について研究しなければならないと問題提起する。

篠田は、自身の勤務する女子高等師範学校を見る限り、教育が健康を害すると断言するほどの状況は見られないと述べる。またそもそものところ、「通常の婦人」というのも「ぼんやりして」おり、学校教育を受けないものを「通常の婦人」というのだとしても、「都会」と「田舎」「生活の有様」によって、健康にも寿命にも違いがあるため、「通常の婦人」が「どう云ふ婦人であるか、一向分からない」と指摘する(篠田［1895］1974:14)。

死亡者数を「帝国統計年鑑に依つて平均」すると、「二十年以上三十年以下の女子は千人に就いて一年に七十二人八分一厘強」であり、一方、女子高等師範学校の卒業生三五七人、すなわち平均年齢二七年一〇か月と比べると、「三百五十七人の中で、二十六人死んで居り」、これは「千人に就いて七十二人八分二厘強死ぬ割合」であることから、「通常の婦人」より「千人に付て一厘強」多い(篠田［1895］1974:14–15)。

篠田は女子高等師範の死亡の割合について自身の見解を次のように述べる。

僅に一厘強死亡の数が超過して居ると云ふたからとて、それで通常の女子より大変弱いの、死に方が多いの、と云つて騒ぎ立てる程のことでなからうと思ひます、（篠田［1895］1974：16）

さらに、篠田は女子高等師範学校の付属高等女学校についての分析結果を示す。帝国統計年鑑では、一六歳から二〇歳までの間の女子は「千人に就いて二十九人七分九厘」の死亡者がいる。

女子高等師範学校の附属高等女学校の卒業生が一四十三人ある、其の中で十六才より二十才迄の間のものが五十九人ありて、其の中二人死んで居ますから、千人に就ては三十三人八分九厘死ぬ割合ですから千人に付て四人一分丈所謂通常婦人よりも多いのです、而して其の一人は難産で死し、他の一人は肺病で三月に卒業して八月に死にました、（篠田［1895］1974：15）

篠田は、帝国統計年鑑の年齢区分に沿って、一六歳から二〇歳の女子の死亡率を比較すると、附属高等女学校生の方が死亡率が、千人について四人一分多いと述べる。ただしこれは、残り八四人の女子を除外した数であることを、篠田は続けて説明する。なぜこれらを除外したのかといえば、これらの卒業生の年齢平均が「二四五才」となり、帝国統計年鑑の年齢区分と一致しないからである。しかし、この八四人の死亡の割合は、「千人に就て二十三人八分強」であり、一六歳から二〇歳の女子よりも「五人九分強殆六人」少なく、ゆえに同年齢の「通常の婦人」より「死亡の少なきことは明白」だと記す（篠田［1895］1974：15）。

篠田は続けて、西洋の研究を引用する。これは「英吉利のケンブリッヂのニユーナムカレージと云ふ学校の校長」をしている「有名なジヂ井ツク博士の夫人」によるもので、「ケンブリッヂ大学オックスホルド大学で勉強した婦人に就ての統計其の他の大学校に属して居る高等学校で勉強した処の五百六十六人の婦人」を調査したものである。ここで、「高等学校を卒業して、学位を得た婦人で、其の後結婚した者は、高等学校へ這入つて教育を受けない婦人よりも、生産力が強い、即子供を多く生みます、且又英吉利の貴婦人の平均の健康よりも遥に優つて居る」という調査結果が出ていると語る（篠田［1895］1974：17–18）。

篠田は続けて、次のように述べる。

教育を受けた者の方が、却て所謂通常の女子と云ふ者より健康の様に思はれます、（中略）彼の高等教育が女子の健康を害すると云ふのは教育其の物が損をするのでなくて、教育の方法が損するか、又は其体質が一体健康でなく、強壮でなかつたのかであらうと思ふ、方法が悪くて健康を損し、又は従来体質の虚弱であつた為に早く死んだと云ふことは、独り女子ばかりでなく、男子でも同様の話です、（中略）然るに男子のことを責めずして、女子にばかり尻ツポが来るから女子教育は迷惑

します、（篠田［1895］1974：19）

篠田は、「教育を受けた」女子の方が「健康の様に思はれ」、また男子であっても健康を害すことがあるのにもかかわらず、女子教育ばかりがバッシングされることは、「迷惑」だとしてその論理的な矛盾を指摘する。このように、下田、伊賀の発言に先立つ明治二〇年代に、女子教育制限説への異論は教育家によって提唱されていた。では、高等教育が「女子の心身」の健康を促進するという主張が、日本の女子教育界で、本流とみなされたのかといえば、おそらくそうではなかったと思われる。

男子と同水準の教育を受けることは、「女子の心身」にとって、有害だとする見解は根強く支持され[31]、井上哲次郎は、エネルギー保存の法則に基づき、女子教育制限説を唱えている。『巽軒講話集』（一九〇二（明治三五）年）に収録された「女子教育談」で、女子教育の目的は学者を養成するのではなく、「有力なる妻、善良なる母を養成する」（井上哲次郎 1902：193）ことだと記している。この「女子の本分」を超えた教育を修めることが心身に悪影響を及ぼすと、井上は捉えていた。なお、一九〇二（明治三五）年当時、井上は、東京帝国大学文科大学の学長として、権威的な発言力を有していた（唐沢 1984a:269–272）。井上は次のように主張する。

女子は自ら女子の本分があるからそれさへ成し遂ぐれば宜いので、是非とも男子と競争して色々六ツかしい学科を修めんければならぬといふことはない、女子が強ひて六ツかしい学科を修めやうとすれば却て悪い結果が多い、甚しい場合をいへば月経が止まりて石婦となるやうなことがある、高等教育を受けた女子が結婚した後の有様を注意して見るに、子のない者が随分多いやうである、子がありても少なくはないか、是れは教育上大に研究すべき問題でありませう、（井上哲次郎 1902：200-201）

井上哲次郎は、女子は「六ツかしい学科」を修めると「悪い結果」すなわち、月経が止まり、「石婦」すなわち不妊になり、結婚した後、子どものいないものがずいぶん多いと述べる。

このように、教育が女子の健康に有益なのか、あるいは有害なのか、教育界で盛んに議論がなされた。では、そのどちらが支持されたのだろうか。本章第二節ですでに指摘したように、学校が月経時の女学生に様々な行動の制限を加えたことは、女子教育制限説が支持を得たことを物語っている。

「適切な学科」と「適切でない学科」

先に井上哲次郎が、女子は「六ツかしい学科」を修めると、「悪い結果が多い」と述べていることを指摘した。では女子には、「六ツかしい学科」とは、具体的には何を指すのだろうか。井上は次のように説明する。

諸学科の中にても化学とか物理学とか若くは又数学とかいふ様なものは、女子に適切でない、

（中略）大発明をなした例は一つもない、といふは自然科学の様な学科は、ドーモ女子に適しないからである、工学農学杯もあまり女子に適した方でない、医学法学も同様である、最も女子の身で産科をやるものは、西洋にもないではない、けれども学術として医学を修むるには、女子にはいかぬと思ふ、米国抔には又女子の弁護士が随分あるといふ事であるが或る点までは成功もあらう、けれども女子の法学者も詰まりたいした者ではない、（中略）文学に属する学科は比較的に女子に適するやうである、それにしても哲学、心理学、論理学、倫理学の類は女子の身に取ツては六ツかし過ぎる、（井上哲次郎 1902:197-198）

「自然科学」は女子には不向きであり、法律等の社会科学領域も「或る点までは成功」しても、「女子の法学者」は「たいした者」ではない。文学は「比較的に女子に適する」ものの、「哲学、心理学、論理学、倫理学の類」は女子には「六ツかし過ぎる」。また、女子には不向きであることの根拠は、女子が「大発明をなした例は一つもない」からだという。

しかし、女子の成功者が少ないことが、女子の能力の低さを意味するわけではない。教育を受ける機会を得ることができなければ、能力を伸ばすことはできない。これは女子のみに限定される問題ではなく、人種や階層、経済的な事情等によって、教育を受けることのできないあらゆる人に当てはまる。ある集団が結果を出せないからといって、その集団に先天的な能力がないことの証左となるわけではない。

では、井上が女子に適当だと考えたのは、どのような学科であったのか。

総べて語学は女子に甚だ適切であると思はれる、是れも言語学の研究といふのではない、唯外国語抔を能く覚ゆるといふことである、併し外国語を能く覚えて能く話すといふことは中々有益なことである（中略）英語に通じて居れば、女子が深閨の裏にあつても、自分独りで知識を広めて行くことが出来る（中略）仏蘭西語だの独逸語だのも知ツて居ればそれに越したことはないけれども、女子にはあまり六ツかし過ぎるからして先ず英語に通じて居れば、足れりとせんければならぬ、（中略）語学は女子に適切な学科であるに相違ない、併しそれよりも尚ほ一層女子に適切なものがある、それは外ではない、詩だの小説だの、音楽だの、絵画だのといふ美術的のものである。（中略）併しながらどんな学術にしても、又どんな技芸にしても、一番奥義を究めて居るものは男子である、是れは女子の到底男子に及び難い証拠といツて宜い、（井上哲次郎 1902：198-200）

井上が女子にもっとも適切だと捉えたのは、「美術的」な学科である。しかし、どのような領域であっても、「一番奥義を究めて」いるのは男子であり、女子は到底及ばないとも述べている。また井上は、女子には語学が「甚だ適切」だという。ただし、これは「言語学の研究」ではなく、良く覚えて話すこと、読むことを意味する。語学学習の利点として、独習が可能だということを挙げるのは、女子に一義的に望まれた役割が、娘として嫁いでは妻として母として、家庭の中に居ることであったためだと解釈できる。ただし、あらゆる言語の学習が女子に向いているわけではなく、英語はともかく、フランス語やドイツ語は女子には難しすぎると井上は述べる。英語に長じた人物が、他の言語を習得することが困難だという考え方は、今日的には納得しがたい。なぜ井上は、フランス語とドイツ語を習得することが、女子には困難だと主張したのだろうか。

明治期において、自然科学を学ぶうえでドイツ語の習得が不可欠であった。社会科学の領域でも、日本の近代法はドイツおよびフランスの法制度を摂取し成立しており、このためドイツ語とフランス語の習得が必要であった。また人文科学を学ぶうえでも哲学等の分野でドイツ語が必須であったし、芸術においても絵画であればフランスへ、音楽であればドイツへ留学することが、先端の動向に触れるうえで不可欠だと捉えられていた。したがって、これらの言語の学習から遠ざけることは、女子を学問や芸術の入り口から退けるうえで有効な方法であったと考えることができるだろう。

少女小説に見る病と狂気——宇野浩二「悲しき薔薇の歌」

このように、女子教育家は、医科学の理論を支持し、女子が男子と同等な教育を受けると、心身を病み、場合によっては、早逝するとすら捉えた。この近代医科学に基づく知は、少女小説という大衆文化にも影響したのであった。[32] ここで、才長けた「少女」が、心身を病み不幸な境遇に陥るという内容を描いた、『少女の友』掲載の宇野浩二（一八九一（明治二四）—一九六一年）による「悲しき薔薇の歌」（一九一八（大正七）年）（図13、図14）を一つの例として、見てみることにしよう。あらすじは

図13　川端龍子『少女の友』表紙（11(7) 実業之日本社 1918）

次の通りである（宇野 1918:58–63）。村の人が「薔薇のお邸《やしき》」と呼ぶ西洋館に従姉同士である蘭子と龍子が住んでいた。蘭子は五八歳、龍子は六一歳であり、病に伏す蘭子は今まさに亡くなろうとしていた。蘭子の見た目は、七〇以上に見えるほど老いていた。二人共資産家の娘であり、蘭子は早くに両親を亡くしたため、龍子の家に引き取られた。「少女」の頃の二人はともに美しく、音楽の才能があった。しかし、龍子は女学校の五年の時に病気になり、声が老人のようにしわがれてしまった。病気のため龍子は、気が狂ったようになってしまい、学校をやめ、結婚もしないと決心した。従姉の蘭子は、年頃には数多くの縁談があったものの皆断り、龍子の傍を離れなかった。声を失った龍子がピアノを弾き、蘭子が歌い、そして薔薇の木の間を歩き、暮らした。歳月がたち、蘭子は今まさに亡くなろうとしている。「基督教徒《きりすとけうと》」である蘭子は、死の床で、牧師にそれまで秘めていた罪を懺悔する。それは、自身よりも才能のある龍子に嫉妬していたこと、その喉が潰れてしまえばいいと願ったこと、そしてそれが（偶然だとしても）叶ってしまい、深い自責の念を抱き続けていることだった。龍子は蘭子の懺悔を聞き、「あの恐ろしい病気の後は、あゝ、長い一生ではあつたが、死んだよりも寂しい、暗い、味気ない世の中であつた！」（宇野 1918:63）と感じ、そして窓の外を見ると、闇にも紅白の薔薇が浮かんで見える。龍子はピアノで彼女の作詞作曲による「薔薇の

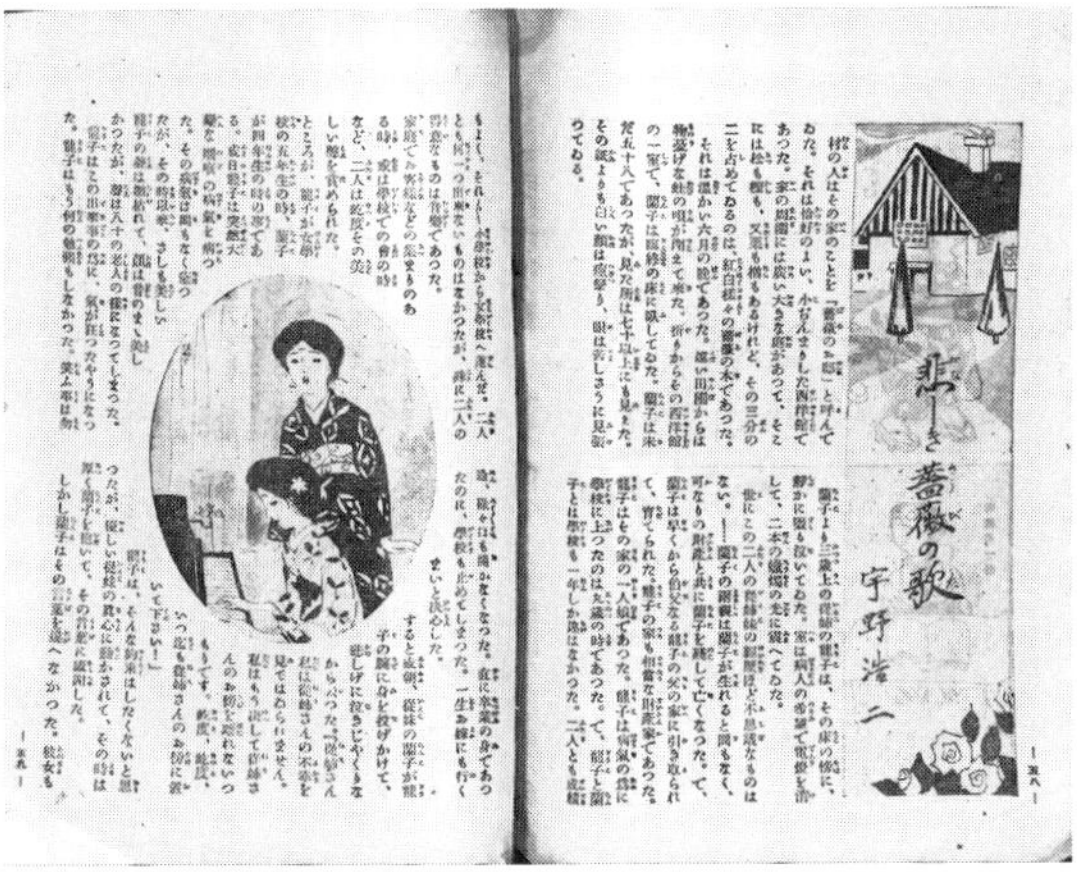

図14　「悲しき薔薇の歌」挿絵（『少女の友』11(7)　実業之日本社 1918）

歌」を弾く。

薔薇ならばまた花開くことのあるべし、
乙女なれば萎みし花の開く日はなし。
薔薇ならばまた花開くことのあるべし、
人の身なれば過ぎにし時の返る日はなし。（宇野 1918：63）

いつもこの歌詞を歌ってくれた蘭子は、その曲が奏でられるとともに息を引き取った。なお、二人が同居している理由は、両親を亡くした蘭子が伯父である龍子の父に引き取られたためである。また、二人が結婚しなかったのは、龍子は、病気によって、塞ぎ込んでしまったことからである。一方、蘭子は優しさや真心から、不幸な従姉妹と離れたがらなかったのだと、物語の冒頭では説明がなされている。

しかし、小説の終盤で、従姉の不幸を願った自責の念が、本当の理由であったことがわかる。そして、「従姉《ねえ》さん、どうぞ私の罪を赦して下さい」（宇野 1918:62）と願う蘭子に、龍子は何も返答できず、蘭子は強い罪悪感から解放されることなく、死んでしまう。龍子の心は引き裂かれたまま、蘭子の死を嘆く。

戦前の少女小説では、「エス」と呼ばれる、少女同士の同性思慕的関係が描かれており、特に吉屋信子による『花物語』（一九一六（大正五）―一九二六（大正一五）年）は、愛し合う「少女」たちを唯美的に描いたことで知られている。しかし、それは「少女」期に限定し、許されたことであり、適齢期に至った女子は結婚せざるを得なかった。生涯独身でともに過ごした蘭子と龍子の関係は、愛情、信頼等のポジティヴな要素によって成り足つものではない。さらに一方的に懺悔を聞かされ、ただ一人この世に取り残された龍子の救いようのない孤独さを描き、物語は幕を閉じる。

この小説において、興味深いことは、際立った才能のある「少女」が、病気で声がしわがれて老人のようになってしまい、また「狂つたように」なってしまうという点である。以下に該当部分を引用しよう。

> 二人とも成績もよく、それ〳〵小学校から女学校へ進んだ。二人とも何一つ出来ないものはなかつたが、殊に二人の得意なものは音楽であつた。家庭でお客様などの集まりのある時、或は学校での会の時など、二人は屹度その美しい声を賞められた。ところが、龍子が女学校の五年生の時、蘭子が四年生の時の事である。或日龍子は突然大変な咽喉の病気を病《わずら》つた。その病気は間もなく癒つ

たが、その時以来、さしも美しい龍子の声は皺枯れて、顔は昔のまゝ美しかつたが、声は八十の老人の様になつてしまつた。

龍子はこの出来事の為に、気が狂つたやうになつた。龍子はもう何の勉強もしなかつた。笑ふ殊は勿論、碌々口も聞かなくなつた。直に卒業の身であつたのに、学校も止めてしまつた。（宇野 1918：58-59）

なお、第三章第一節でヒステリーの症状について説明する際に引用した、山田鉄蔵による「神経質の話」は、次のように記していた。「成績抜群であると云ふ様な生徒は主に神経質の人に多い、先達より時々見受けますするが、所謂ヒステリー性（引用者註：傍線原文ママ）の声体の麻痺と申して声が枯れて出なくなる」（山田［1899］1991：11）。声が枯れて出なくなることは、ヒステリーの症状の一つだとされていたのである。具体的な病名は「悲しき薔薇の歌」の作中で触れられておらず、身体的な疾患なのか、精神的な疾患なのかも不明である。「病気は間もなく癒つた」とも記されているので、身体的な疾患なのかもしれない。しかし、「声は八十の老人の様」であり、「気が狂つた」ようになり、「笑ふ殊は勿論、碌々口も聞かなくなつた」という龍子の様子は、心身ともに健常ではないという印象を読者に与える。

また、榊俶が「若き婦人の精神病」で、次のように記していることも、この節ですでに触れている。

子供の中に怜悧《りこう》で殊に機用《ママ》であッて、音楽を奏でさせればたくみに調を合せ或は裁縫をさせると仕立屋も及ばぬ位ゐ、或は書画の様なものを美しく作るとか云ふやうな者があるが、ソレ等は多く精神の発育が偏ッて居るので大概年を取ッてから身体精神の発育が止つて仕舞う、恰も蘖芽の独活の様で、無理に育つても、外に出して置くと枯れて仕舞う、是れと同じ道理故若しソレに強いて学校教育を授けると、遂に中途にして枯るゝるやうな不幸を見るに至る、故に斯う云ふものには、餘り学校教育などはさせぬ方が宜い、或は精神のみならす身体の発育も停ッて仕舞ひます。（榊［1896b］1990:13）

龍子は心の病なのか身体の病なのか、その詳細は不明だが、いずれの異常であっても、音楽や裁縫、書画等に秀でている女児は、精神の発育が偏っており、「大概年を取ッてから身体精神の発育が止って仕舞う」（榊［1896b］1990:13）とする医科学の見解との相関を、そこに見ることはあながち無理な見方ではあるまい。

宇野の小説は、「病」「死」「嫉妬」といった「暗い」要素と、同時に「薔薇」「洋館」「基督教徒《きりすとけうと》」「ピアノ」等、西洋的で耽美的なモティーフで彩られた作品である。この暗鬱さと耽美さは、宇野の作品だけでなく、大正はじめの少女小説全般によくある特徴だったようだ。

宮本百合子は「現今の少女小説について」（一九一四（大正三）年頃）で、少女小説とその読者の主な特徴について説明している。読者の年齢は「十二三頃からいつまでも子供っぽい人は十七八まで」

であり、「涙もろい、思いやりの深い心」を持つと同時に、「悲しい事ばかり考える」「わけもなくて世の中がいやになる」という「センチメンタルになる頂上」の時期だと、百合子は述べる。そして、少女小説の題材は、「みじめな可哀そうな娘を中心にして暗い、悲惨な、憎しみだの、そねみだの、病や又は死」によって構成されており、読者の「淋しい気持」を過剰に煽る内容となっていると指摘する（宮本［1914頃］1986:396）。なお、「現今の少女小説について」の執筆年は不確定とされており、一九一四（大正三）年という推定が正しければ、百合子が高等女学校に在学していた、一五歳の頃に執筆したことになる（大森 1986:452-453）。戦後の高度経済成長期である一九七〇年代に、児童文化研究者である上笙一郎は、「幼児期・児童期におけるいわゆる反抗期が、人間の成長にとって不可欠なものであるとするならば、思春期前期の少女においては、センチメンタリズムはその属性」（上 1976:234）だと述べる。[33]「センチメンタル」は、「感傷的」という語と置き換えられるだろうが、二〇〇〇年代に至っても、「少女」を「センチメンタル」だとする見方は一定の一般性を持っていることは、『広辞苑　第六版』（二〇〇八年）が、「少女趣味」を、「少女に共通した好みや傾向。甘美で感傷的・夢想的な情緒を好む傾向」と説明していることから見て取れる（新村編 2008:1381）。

だが、「少女」はなぜ「センチメンタル」すなわち「感傷的」だとされるのか。「少年」ではなく、「少女」にばかり特有だとされるのはなぜなのか。生得的な性質なのか、あるいは後天的に備わる性質なのか。「感傷的」であることが「少女」にばかり特有だとされるのであれば、ジェンダー役割との関連で考察する必要性がある。

明治期の医科学の学説、またこれを受容した教育家による女子の「感情」の作用に関する見解が、少女を「感傷的」とする見方のいわば原型（プロトタイプ）となる理念だったと考えられるのである。[34]矢田部良吉は、「女子は総て情緒即ちイモーションに関かハることは男子よりも鋭敏」だと述べた（矢田部 1889:25）。伊賀駒吉郎は、女子は「感情的のものが嗜き」であり、また「悲哀」は女子に起こりやすく「消極的沈思的性質」が著しいと主張した（伊賀 1907:275-278）。近代日本の教育家は医科学の理論の影響を受け、女子の「感情」を病的なもの、精神の病の兆候、そして劣等性の証左となるものだと位置づけた。少女小説にみられる「センチメンタル（感傷的）」な要素も、医科学や教育が築いた性差論と無関係なのではなく、支配的なジェンダー理念との相関性から捉えることができるのである。

「主体性」を否定される苦悩――野溝七生子「山梔」

ここまでで見てきたように、教育を受けることによって、女子は心身を害す場合があると捉えられていた。明治期において高等女学校に学ぶことのできたのは、一割にも満たない恵まれた女子であり、当時としては相当に高学歴であった。高等女学校卒業生が進学することは稀であり、また就職しようにも就労先は少なく、その多くは良妻賢母という道を選ぶ他はなかった。

自己実現のために、自由な選択をすることが許されない、閉塞的状況そのものが、女子に苦しみを与えたとしても不思議はない。

一九世紀西洋の上流、中流上層階級の女性たちは、行き場のない感情――怒り、絶望など――を唯一発散させる手段として、ヒステリーの発作の芝居を行ったという。仮病と医師は疑いながらも、格好の収入源であったから、病人として扱った（Ehrenreich, Barbara; Deirdre English［1973］2011=2015:142-145）。

しかし、仮病ではなく、実際少年に比べ自分が動きのとれない不利な立場にあると認識することが、情動面での危機を促したとしても不思議ではないとショーウォーターは述べる（Showalter 1985=1990:71）。また、一八七九年に西洋の医師モーズリーが、思春期の女子が精神疾患にかかる要因として、行動範囲に制限があることを挙げていると指摘する。

男性が現在の社会制度下で得ているものとくらべると、婦人の行動の範囲はきわめて限りがあり、人生で婦人が選べる仕事の道はきわめて少ない。そのため婦人は、男のように、種々の健全な目標や職業において感情の発散をするすべがない。（Showalter 1985=1990:165-166）

西洋近代のブルジョワジーの間で、妻や母となること以外の進路を求める者は、「精神異常者」として扱われた。たとえば、ナイチンゲールは、結婚の申し込みを断り、看護師になるための教育を受けようとするものの、母親がそれに反対したため、神経衰弱に近い状態に陥ったことがあり、その体験をナイチンゲールは自らの手で小説として表現したとショーウォーターは指摘する（Showalter

1985=1990:78)。この小説の中から、自由を奪われる苦悩を描いた場面を、ショーウォーターは引用している。次がその箇所である。

家族の一人がほかの者よりもぬきんでていると、彼あるいは彼女はほかの家族の手で頭を押え込まれて「まともなことはなにもできない」と言い切られる。男であればこの状態から脱出するが、女にはそれができない。(中略)狂気という指示が出されるのは、身体的に見て異常とみなされた女たちに対してのみではない。自由を与えるのは理不尽とばかりに、善意の身内によって不当にも監禁されている女たちもいる。(Showalter1985=1990:77)

近代日本においても、結婚以外の人生の選択の余地を与えられない女子が、ナイチンゲールが経験したものと、同様の苦しみを感じたとしても不思議ではない。野溝七生子(一八九七(明治三〇)年—一九八七年)による小説「山梔」(一九二四(大正一三)年)は、そうした抑圧的な状況を描いている。野溝は、明治、大正時代に幼年、そして「少女」期を過ごし、また生涯を独身で過ごした。主人公の阿字子と、彼女に結婚を強要する家族との不和を描いた「山梔」は、私小説的な側面を持つと推察される。野溝の父は陸軍大佐、連隊長を務めた人物である。私立東洋大学に学んだ野溝は、当時としては相当高学歴であった(岩切、滝編 1983:585)。生家はけして貧しくなかったはずだが、学生時代の経済状況は厳しく、家族の理解や支援を十分に(勘当同然の状況で、兄の六助の援助を受けていたという)、得ることができなかったのだと考えられる（矢川 1990：131–133）。

主人公阿字子は抜きん出た知性を持つものの、その知性および知識欲は周囲からは歓迎されず、かといって職業と結びつくわけでもなく、家族との不和を招く要因としかならない。また、「立派な学者」であった祖父とは違い、「女学校なんぞに行つて腐れ学問をした女」だと父から罵倒され、卑しめられる（野溝［1924］1983：179）。

阿字子は、家族から否定されたばかりではない。医師は阿字子の精神状態を危ぶむ。すなわち、肺炎を発症した阿字子を治療した医師は、「このお嬢さんは感情家だから（中略）頭の方を気をつけないといけない。肺炎の手当をするやうに」と告げる（野溝［1924］1983：136）。

女学校を卒業した阿字子は、周囲から結婚を考えるように迫られる。とりわけ阿字子を疎ましく思う嫂京子は、嫁いで家から出て行くことを強要する。「私が居ないことが皆に好いことでしたら、私は、今でも死んぢやはうと思つてゐますことよ」（野溝［1924］1983：231）と結婚への拒否感を阿字子が示すと、嫂京子は「親同胞の、恥さらしだといふことを考へて下さらないぢや困りますよ」と蔑む（野溝［1924］1983：232）。「あゝ、あゝ、そんなにまで仰云らなければ、ならないのですか、私は、もう、気がちがひさうだ」と苦しむ阿字子に対して、「気違ひならなほさら好い見物ぢやありませんか。そして、生きてる限り親同胞の世話になつて迷惑をかけて、死んだ後までも人の物笑ひになつて」と嫂は嘲る（野溝［1924］1983：232）この小説の結末部分は、追いつめられた阿字子の死が暗示的に表現されており（生存しているとする解釈の可能性は残されているものの[35]）、陰鬱な様相を示している。

「山梔」には、抜きん出た知性に狂気のレッテルを貼られ、自由を与えられず、行動を抑制されたことの、「気がちがう」ほどの苦しみが描かれている。もちろん女子は生来精神を病んでいるわけではない。しかし、病者だというレッテルのもとに行動を制限されることこそが、女子の情動面に影響を与えたとしても不思議ではない。

野溝は、自身が受けた苦悩を小説に描き出し、これによって女子に対する抑圧的な社会への抗議を示した。これを、ステレオタイプなジェンダー規範に対する女性作家による抵抗として、評価できるだろう。

現代の女子教育における性差特性論の継承とその打開

ここまでの議論で明らかになったのは、近代日本において、女子教育の目的は「有力なる妻善良なる母を養成すること」（井上哲次郎 1902：193）にあり、これを越えた教育は不要とされ、女子は学問の一線から排除されたということである。また、男子と同等の教育を受けた女子は、心身を病むと医科学がみなしたことである。

エネルギー保存の法則や黄色人種を劣等とする進化思想は、現代の目線からすれば偽科学であり、それが支配的イデオロギーとしていわば「真理」のように、まかり通っていたことが信じがたいであろう。しかし、単なる珍奇な事象として珍しがっていればよいというわけではない。教育機会の平等が憲法によって保障されている戦後社会においても、「良妻賢母」が「伝統的女性役割」として継承されており、進路選択に際して影響を及ぼしているという指摘がなされていることを鑑みねばならない（中西 2000：135–137）。

現在、女子の大学進学者は増加傾向にある。二〇一五年の四年制大学における学生総数のうち女子の占める割合は四四・一パーセントであり、数年後には男子と同数となることが予想される。ただし、これは総数から見た場合で、専攻分野によって男女の比率には大きく偏りがある。人文科学（女子六五・六パーセント）では女子が多い。一方で、理学（女子二六・八パーセント）や工学（女子一三・六パーセント）等の自然科学の領域では女子は少ない（内閣府男女共同参画局 2016）。

二一世紀を迎え、将来的に予想される科学分野での人手不足を回避する目的で、様々な政策が打ち出され、女性研究者の育成、雇用促進のための取り組みがなされてきた。また「科学技術創造立国」をめざしているのもかかわらず、子どもたちが「理科離れ」している状況に対処するために対策がなされ、その中で「科学技術人材」としての女子の育成についても問題とされてきた（木村 2014、村松、河野 2004）。

そもそも、なぜ科学分野に進学する女子が少ないのだろうか。女子が科学に不向きなのかと言えば、ＯＥＣＤによる学習到達度調査（二〇一二年）によって、学業成績の男女格差は生まれつきの能力によるものではないことが明らかになっている（OECD 2015）。少なくとも小中学校の段階で、女子に不向きというほどの差はない。それでは、進路選択に際して、性別というファクターが大きな意味を持つのはなぜなのか。公的な制度による支援が、事態を好転させるうえで重要であることは言うまでもない。

ただし、問題を解決するうえで見逃すことができないのが、「隠れたカリキュラム」の存在である。すなわち、性別によって適性が異なるという先入観から、個人の意志や志望を無視した進路指導がなされる場合があることが、教育学の分野で問題視されてきた（河野 2014）。性差に関する社会通念は、短期間で形成されたものではない。その成り立ちを明らかにするには、歴史的な調査が不可欠である。

本書が明らかにした、明治期を中心とした女子教育制度における男女の特性論の構築は、現代社会における「隠れたカリキュラム」のいわばルーツといえるジェンダー理念である。

ジェンダー理念に関する知を相対化し、多様性を承認することは、簡単なことではない。しかし、表象を解釈することで、これが自明でもなく自然でもなく、つくられたものであるということを知る我々は、社会の現状を分析し、そこから新たな視点を切り開くことができるのではないだろうか。

おわりに――「少女」について考えるということ

近代日本の女子教育が目的としたのは、家庭にあって、妻として夫の労働力を再生させ、母として将来の労働力・兵士となる子どもを産み育てる良妻賢母を育成することである。女子が健全な母体へと発達するうえで、不可欠なことが、「生殖待機期間」の確保だと医科学は捉えた。初潮がおとずれる時期は、とりわけ細やかな衛生的、教育的配慮が必要であり、産まれ来る子どもの優秀性を左右すると考えたからである。また女子は、教育を受けるべきではあるが、虚弱であるため、推奨されるよりも高い水準の教育や、過度の運動が、心身を害す要因となるとも考えられていた。なぜならば、良妻賢母となることが女子の模範像であり、この枠に当てはまらない行為は、女子の人生から除外されねばならなかったからである。仮に高等教育を女子が受け、学術や芸術の方面で活躍することができたとしても、良妻賢母となる以外の人生を選んだ女子は心身を害し、死へと至ることもあると医科学は定めた。摸範的な女子のライフコースからの逸脱者には、病と死という「懲罰」が与えられるのだと、まことしやかに語ったのである。

ここで留意が必要なのは、無垢な「規範」像が美的な造形を与えられただけではなく、「逸脱」者もまた必ずしも醜くくはなく、異性愛男性の抱く性的嗜好と合致する造形を、時に与えられたということである。儚くロマンティシズムに満ちた「少女」像に潜在している権力を捉えることは、簡単なことではない。この不可視性こそが、「少女」の恐ろしさであり、その輪郭を捉えたいという意図が、前著に引き続き筆者が原稿を進めるうえでの動力の一つとなっている。その動力を得る経緯の一つとして、筆者が学生と交流する中で得たことを記して、結語と代えることとしたい。

筆者は、現在勤務する島根県立大学短期大学部はもちろん、これまで「少女」について、複数の大学で講義を行ってきた（千葉大学、慶応義塾大学、島根県立大学短期大学部、東北芸術工科大学、横浜国立大学、和洋女子大学等）。本書の直接的な着想を得たのは、東京近郊に住んでいた、二〇〇八年から二〇〇九年頃のことだったろうか。

当時から最近までの講義のレスポンスカードには、「少女」への思い入れを書き連ねたコメントを見つけることができる。「私は少女という存在は大好きです」（東北芸術工科大学女子、二〇一〇年）、「大切なモノというイメージがあります。柔らかくて、きれいで、ガラスのようなもの」（東北芸術工科大学男子、二〇一〇年）、「男達にとってなんと魅惑的であることか！（中略）「少女」像を良いと思わない男がいるだろうか」（千葉大学男子、二〇一〇年）、「夢を持っていて、美しいイメージがあります」（島根県立大学短期大学部女子、二〇一四年）、「何故かとても気分が高揚しました、何故でしょう」（東北芸術工科大学女子、二〇〇九年）、「私は少し憧れているのかもしれません。「少女」と女性のどちらかを選べと言われれば迷わず少女を選ぶからです。（中略）なぜ憧れてしまうのでしょうか。自分自身としても不思議に思っています」（東北芸術工科大学女子、二〇一〇年）。

「少女」への憧憬に満ちたコメントの存在は興味深い。しかし、特に興味を引かれる点は、「少女」に魅了されている自分自身の感情の動きを、「何故」「不思議」として、説明しがたいと捉えていることである。では、「少女」なるものを構成するのは、身体という物質的なものなのか、それとも精神的なものなのか。「少女」らしさとは、どのような性質を指すのか。

小説、テレビドラマ、映画、漫画、アニメ、音楽、コマーシャル等、メディア空間において存在感を放つ「少女」だが、「少女」とはいかなる存在なのか、いざ説明しようとすると難しいのはなぜなのか。理屈によっては説明できない存在として、思考の埒外に置いているということなのだろうか。

たとえば、学生のコメントにも、次の記述を見ることができる。「現実離れした幻想的な存在」（千葉大学女子、二〇一〇年）「現実と空想の間をさまよっているような「宙ぶらりん」な存在（中略）幻想的で、ちょっと不気味なイメージ」（東北芸術工科大学女子、二〇一〇年）「矛盾がいっぱい。（中略）妖精のようなイメージがあるかと思えば陰鬱で廃墟のような死を感じるイメージがあったり」（島根県立大学短期大学部女子、二〇一四年）。

「少女」という存在は、なぜ捕まえがたいのか。それは、私たちの内的な感情に起因するゆえの事象として捉えるだけでよいのだろうか。

それにしても、「少女」に面した時に我々が抱く感情と、「かわいい」に面した時の思考停止は似てはいなくないか。

清水穣は、フロイトによる「不気味なもの」についての定義を援用し、政治権力の場所は「不気味なもの」の場所であり、政治というものの本質は、ある社会システムの中にいる人間たちに、いかにその社会システムを意識させないか、それを不可視にとどめておくかであり、警察や税務署といった官公庁のマスコットキャラクターが、必ず可愛い子どもかあるいは動物であるのは、「不気味なもの」としての自らの本性を隠すために「可愛さ」を使いこなしているのだと解釈する（清水 2002:84-

93）。

また、四方田犬彦は、「かわいい」という観念が、「われわれを現実に直面することから隔て」る性質を持つと説明する。そして、「かわいい」映像が抑圧し隠蔽してきたものが現前に提示される時が、われわれの社会が本質的な破局に襲われる時だと述べる（四方田 2006：199）。四方田は、アウシュヴィッツ収容所を訪れ、その壁面に、「かわいい」「仔猫と子供たちの絵」が描かれているのに気づき、そこから「かわいい」は「残虐行為と並行して存在しうる」（四方田 2006：194）と直感する。これを四方田は「「かわいい」における道徳的倒錯」（四方田 2006：196）と呼ぶ。そして暴力性を隠蔽する「かわいい」の機能を次のように指摘している。

「かわいい」は歴史を無効とし、それを所有する者を永遠の多幸症ともいうべき状態に置いてしまう。そこではすべてが「かわいい」という言葉のもとに、現実から隔離された同語反復の微睡のなかで、しだいに輪郭を喪ってゆく。（四方田 2006：197）

四方田はジョー・ダンテの監督による映画『グレムリン2』（一九九〇年）を、「「かわいい」に満ちた現代社会がわずかに方向を転換するだけで取り返しのつかない惨事を招いてしまうというヴィジョン」（四方田 2006：198）の具体例として挙げている。

ここで日本のテレビアニメ作品における興味深い事例として、筆者が提示したいのが新房昭之監督、

図15　まどか、ほむら、キュゥべえ（まんがタイムきらら編 芳文社 2014）

シャフト制作による『魔法少女まどか☆マギカ』（二〇一一年）である（図15）。この作品に登場するぬいぐるみめいた姿をしたキャラクター「キュゥべえ」は、可愛らしい小動物のような外見をしているが、その正体はインキュベーターと称する地球外生命体であり、効率のよいエネルギー回収を最優先に考える狡猾な存在である（Magica Quartet 原作、まんがタイムきらら編 2011：48）。キュゥべえたちの文明は知的生命体の感情をエネルギーに変換するテクノロジーを発明したが、当の彼らは感情を持たず、宇宙を調査し地球に住む人類を発見した。人類の中でも第二次性徴期の「少女」の「希望と絶望の相転移」にキュゥべえたちは注目する（Magica Quartet 原作、虚淵玄シナリオ、ニュータイプ編 2011：232）。魔法少女とはキュゥべえたちが効率よくエネルギーを得るために作り出した存在である。魔法少女の表向きの役割は、キュゥべえに一つだけ願いを叶えてもらう代わりに、悪事を働く魔女を退治することである。キュゥべえは、主人公であるまどかに魔法少女になるよう働きかける。しかし、魔女の正体とは、絶望した魔法少女の成れの果てであり、この残酷な事実を、「少女」たちは契約時に伝えられていない。時間遡行の能力を持つ魔法少女ほむらは、キュゥべえを抹殺することで運命を変えようとする。しかし、遡行した時空間のまどかは、ほむらのことを覚えていない。魔法少女の姿に変身したほむらの姿は、「通り魔」が小さい可愛らしいキュゥべえを痛めつけようとしているようにしか見えず、まどかはキュゥべえを守ろうとする。『魔法少女まどか☆マギカ』（二〇一一年）は、「かわいさ」の持つ隠蔽機能――私たちを現実から隔て「永遠の多幸症」へと導く――の恐ろしさを、自覚的にそして批判的に表現している点で瞠目する作品である。

「かわいい」が隠蔽機能を持つとしたら、「少女」の捉えがたさもまた、深部に何かを潜ませているのか。なお「少女」という存在がどのようにして作られたのか問う試みを、筆者はこれまで継続して取り組んできた。『〈少女〉像の誕生』（二〇〇七年）においては、教育という社会制度において、「少女」はどのような存在として規定されたのかを明らかにした。同時に、社会からは隔離されているかに見える、文学や美術という文化の領域の「少女」像と、社会制度が規定する「少女」像との相関関係を考察してきた。今回、医科学を取り上げたのはなぜなのかといえば、「少女」を覆うフィルターの存在を捉えるうえで、その対極にあるかに見える科学思想と「少女」像との密接な関係を問うことが、有効だと考えたからである。

学生たちが挙げる「少女」の特徴の中に、身体的にも精神的にも、弱さを連想する言葉が見られる。たとえば「もろく、弱い」（島根県立大学短期大学部男子、二〇一四年）、「華奢」（千葉大学女子、二〇一〇年）、「かよわい」（千葉大学男子、二〇一〇年）、「儚げ」（東北芸術工科大学女子、二〇一〇年）、「不安を抱えている」（東北芸術工科大学女子、二〇一〇年）、「か細い身体」（東北芸術工科大学女子、二〇一〇年）という記述である。またさらに「死のイメージ」（島根県立大学短期大学部女子、二〇一四年）というコメントも見られる。第二次性徴期の女子を身体においても精神においても、「弱い」存在と理論的に位置づけたのが医科学だったことは、すでに本書で述べてきたところである。「少女」の原型（プロトタイプ）を作り出す理論的支柱として、医科学は大きな役割を果たしたのであり、第二次性徴期の女子は心身ともに弱く、母体となるまで徹底した管理が必要であると医科学は定め、この理論に基づき、教育機会や就労機会は制限された。第二次性徴期の性質としての弱さは、異性愛秩序に基づいて、美的なものとして解釈され、文学や美術の領域において、ロマンティシズムに満ちたイメージを与えられた。

ジョン・エヴァレット・ミレイが、発狂し死に行くオフィーリアを、花々とともに水底に沈み行く様子を画題とすることで、ロマンティックに表現したことは、本書ですでに言及した通りである。なお、学生のコメントで「私が「少女」と聴いてイメージする絵はミレイの《オフィーリア》です」（千葉大学女子、二〇一〇年）というものがある。狂気に至り水死する姿が、「少女」の原型（プロトタイプ）として、継承され続けているのである。

もちろんのことだが、近代医科学の多くは、今日では偽科学として覆されている。それにもかかわらず、近代科学に裏打ちされた理念は残存し、影響を与え続けているのである。

非論理的な存在としてかつて語られ、二一世紀においても、曖昧で捉えがたいとみなされ続けている「少女」が、その原型（プロトタイプ）において医科学の理論を支柱として創造されたことを明らかにすることで、「少女」性なるものを新たな角度から浮かび上がらせたいという願いから、本書を纏めようと考えたのであった。

◉謝辞

本研究は、ＪＳＰＳ科研費 JP23710315、JP15K01938 の助成を受けている。成果の公刊に際して、公立大学法人島根県立大学北東アジア地域学術交流研究助成金の助成を受けている。また、日本評論社の小川敏明氏には、本書の編集の労をとっていただいた。記して謝意を示したい。

◉注釈

第1章

1　アナール学派の歴史家アラン・コルバンは、表象システムは評価システムを秩序立てるだけではなく、世界や社会や自己に対する観察の仕方までも規定するものであり、感情生活の記述はこれによって組み立てられ、慣習行動を規定すると述べる（Corbin 1992=1997 : 131）。

2　「規範」と「懲罰」の機能については、ジョージ・L・モッセによる『ナショナリズムとセクシュアリティ』（Mosse［1985］1988=1996）を参考としている。モッセは、近代市民社会における国民主義と性的規範について論じる中で、男らしさの理想と、それが女性の立場へ及ぼす影響、そして「規範」への適応者と、比較として異常または病気であるとみなされたアウトサイダーを問題とする（Mosse［1985］1988=1996 : 9–10）。また、セクシュアリティの認識を形成し、それを管理するうえで、医学が果たした役割や衛生学の進歩に着目し、議論を進める。モッセは、「市民的行動規範を攻撃する者」、あるいは「確定された男女の活動の境界を踏み外した者」が異常者とみなされ、社会を脅かす者と判断されたと指摘する（Mosse［1985］1988=1996 : 37）。モッセの主要な関心は「男性性」にあり、「女性性」についての考察の比重は大きいものではない。しかし、国民主義の中における「逸脱」者とはどのような存在か考えるうえで、大いに示唆を受けている。

3　明治期の学校制度は、数年ごとに改革されたため、高等女学校の入学年齢も時期によって異なる。高等女学校の入学資格を一二歳以上の高等小学校第二学年修了者と定めたのは一八九九（明治三二）年の高等女学校令であり、修業年限は四年を基本型とし、一年の伸縮を認めた。一九〇八（明治四一）年の高等女学校令の改正は、義務教育年限延長に伴う措置として、入学資格を年齢一二歳以上の尋常小学校卒業者と改めた。その際、修業年限一年の伸縮を認めていた従来の規定を改め、一年の延長だけを認めることとして、修業年限四年と五年の二種類とした（文部省1972a:348-349, 1972b:134）。

4　『近代日本の国民統合とジェンダー』（二〇一四年）に「性差の科学と良妻賢母主義」と改題のうえ所収。本書では、二〇〇九年の初出を参照のうえ、二〇一四年版から引用している。

5　「少女」という研究テーマは、人文社会科学系の博士論文に値するとは長らくみなされなかった。国会図書館の収蔵資料を見る限り（国立国会図書館蔵書検索・申込システムに基づく（二〇一六年一〇月三〇日最終閲覧））、「少女」という語をタイトルに冠したものとして最も古いものは、一九五八年の野田輝雄『非行少女の精神医学的研究』（医学博士　九州大学）である。また、川田礼治『重症溶血性貧血の日本人少女に見いだされた超不安定血色素Hb koriyama―β鎖における近位ヒスチジンを含む5残基の重複挿入』（医学博士　山口大学　一九八八年）、Garrick, Regina Jane『日本の非行少女について―人格、家族、社会の相互関連』保健学博士　東京大学　一九八四年）があり、これら三件は医療領域の研究成果である。人文社会科学系としては二〇〇四年の渡部周子による『日本近代期における規範としての「少女」像の形成』（博士（文学）千葉大学）が日本で最初となる。また、今田絵里香『「少女」というジェンダー・アイデンティティ―『少女の友』における意味世界と読者』（博士（人間・環境学）京都大学　二〇〇六年）、中川裕美『近現代日本における「少女」像の変遷―少女雑誌を中心に』（博士（文学）名古屋大学　二〇一二年）等の成果や、他にも少女漫画、アニメ、少女小説、挿絵等様々な媒体を対象に、研究は活況を示しつつある。

第2章

1　創設当時の中心人物であるが、一八九一（明治二四）年に幹事の座を去っている。初代会長は一八八八（明治二一）年の総会で、加藤鈴子が就任し、一八九二（明治二五）年の会則の改訂により、総裁に皇族の女性を置くことになり、小松若宮妃八重子が就任している（亀山 1994:15–16）。

2 組織構成、紙面形成から、近代日本の女性有識者に与えられた社会的位置づけを読み取ることができる。女医という有識者ではなく、名士夫人が会の顔とされた。創刊当初の記事には、女性論者が見られるが、徐々に男性論者が増えている（亀山 1994:21）。婦人団体でありながら、男性を前面に押し出したことから、男性の補助者であることを模範的女性役割とする近代日本のジェンダー規範をよみとることができる。

3 鵜浦は、社会ダーウィニズムを「生存競争・適者生存」の二つの概念を中心に据え、次のように類型化する。第一に、「競争・淘汰」という進化のメカニズムに着目し、それを「個人間」に適用するかそれとも「集団（国家・人種など）間」に適用するかである。社会内の個人間の生存競争に淘汰の法則が働くという考え方が「個人淘汰主義」、国家間の生存競争に淘汰の法則が働くという考え方が「集団淘汰主義」である。第二に、個人淘汰主義はその中で、淘汰を「放任すべきか」あるいは「人為的に干渉すべきか」という軸でさらに二つのタイプに分けられる。前者は自由競争を奨励するレッセ・フォール経済を典型とし、社会進化を漸進的な自然過程とみなす放任主義の傾向が強い。このタイプが「個人主義的社会ダーウィニズム」（Hofstadter［1944］1955=1973）である。逆に後者は、理想実現のためには急激な改革も可能であると考える改革主義の傾向が強く、そのひとつの典型として優生思想がある。同じく集団淘汰主義も淘汰を「放任すべきか、人為的に干渉すべきか」という軸でさらに二つのタイプに分けられる。たとえば、前者には国家間の自由な経済活動を奨励する自由貿易主義あるいは弱肉強食の帝国主義があり、これが「集団主義的ダーウィニズム」（Hofstadter［1944］1955=1973）に相当する。後者には特定の人種を人為的に消滅させようとしたナチス・ドイツのジェノサイドがある（鵜浦 1991:122–123）。

4 鵜浦は、スペンサーに助言を求めた「当局者」は、おそらく金子堅太郎ではないかと指摘している（鵜浦 1988:85）。

5 なお、社会進化論の受容と密接な関わりを持つユーゼニックス（優生学）ないし、ユーゼニックス・ムーブメント

(優生運動)の日本における受容は、福沢諭吉によって日本人の改良の必要性が指摘されたのがはじまりである。鈴木善次は、日本における優生学の展開を、四期に分けて見ることができるとする。第一期は、一八八四(明治一七)年に発表された福沢の弟子高橋義雄による『日本人種改良論　全』(一八八四(明治一七)年)であり日本人と西洋人の雑婚を勧めるもので、第二期は明治末から大正初期で、海野幸徳の『日本人種改造論』(一九一〇(明治四三)年)は優生学と進化論の関わりを前面に取り上げている。第三期は大正末から昭和初めにかけてであり、優生学の研究体制づくりに焦点があてられた時期である。第四期は一九三五(昭和一〇)年頃から一九四〇(昭和一五)年頃の断種法成立をめぐる時期である(鈴木善次 1991:97-98, 104-106)。

6　加藤の進化論の信奉ぶりは、自伝において、「自然科学に依拠せざれば、何事をも論及する能はざることを感じて、それからダーヰンの進化論や、スペンサーや、ヘッケル其他の進化哲学の類を読むこととなって」と記していることによく示されている(加藤弘之 1915:47)。

7　これは、メンデルの法則が確立するまで一般に普及していた、子どもの性質を両親から半分ずつ受け継いだものとする、融合遺伝の法則に依っている(鈴木 1983:36-37)。

8　ここで留意せねばならないのは、イギリスでもアメリカでも、人種問題が社会を揺さぶっており、奴隷制廃止の動きによって、黒人解放がよりいっそう声高く叫ばれていたことである。科学は、黒人の政治的、社会的平等に対する要求を裏づけたり、また退けたりする理論的正当性を与えた(Russett 1989=1994:17)。

9　ダーウィンは、『人間の進化と性淘汰』(一八七一年)で、人種の絶滅に関して次のように記している。「絶滅は主に、部族どうし、人種どうしの競争によって起こる。前章で明らかにしたように、定期的な飢餓、親が常に移動していること、それによる乳児の死亡、長く続く授乳、女性の略奪、戦争、事故、病気、放蕩、特に子殺し、そして栄養の悪い食物による繁殖力の低下、さらに多くの生活上の苦労など、未開人の部族の人口を抑える歯止めは常に数多くはたらいている。もしも、何らかの原因によって、これらの歯止めがどれか一つでもがゆるめられたら、それがたとえほんの少しであっても、そのような有利さに恵まれた部族は増加する傾向を示すだろう。そして隣接する部族のうちの一方の数が他方よりも多くなり、力が強くなったときには、競争はまもなく、戦争、虐殺、食人、奴隷狩り、そして吸収によって決着をみるだろう。弱い方の部族がそれほど急速に絶滅させられることがなくても、一度その人口が減りはじめると、ふつうは絶滅するまで減少してしまうものである」（Darwin 1871a=2000:202-203）。この「人種どうしの間の競争」に勝利するのは「文明人」なのであり、「文明人が未開人に出会ったときには、ひどい気候が現地の人種に有利にはたらかない限り、闘争はわずかしか続かない。なぜ文明人が勝つのかの原因は、あるときには明らかだが、あるときには曖昧である」と説明する（Darwin 1871a=1999:203）。

10　ただし、二人の進化論理解には相違があり、これを鵜浦は次のように指摘している。すなわち、井上は進化論から欧米に対する恐怖と警戒しか導けず、それを克服するための意志や目的や手段を進化論から解釈しえないと捉え、その意味で進化論を見限った。一方、加藤は進化論に固執し、弱肉強食の世界への適応をはかる方法を進化論的思考様式によって模索した（鵜浦 1988:96）。この加藤の模索の結果導き出された進化論の日本型解釈が「忠誠競争・適者殉死」というプロセスから成る「道徳進化論」だと鵜浦は解釈している（鵜浦 1991:141-147）。

11　松山の主張は、一八八〇年代の教育界において、学校衛生に関する研究が進められていたことを背景としていると考えられる。たとえば、一八八四（明治一七）年七月発行の『大日本教育会雑誌』には、ドクトル・ベルツ（Bälz, Ervin Von）による「児童生年ヨリ学齢ニ至ル体育如何」が掲載されている。

12　深谷は教育界における代表的イデオローグとして、井上哲次郎を挙げ、『内地雑居論』（一八八九（明治二二）年）における、雑居に失敗すると日本人は滅亡するという論旨は、平易で影響するところが大であったと指摘している（深谷［1966］1998:160）。

13　子孫への影響という観点から、この他、結婚に際して特に避けるべきだとされたのは、「精神病」中でも「後ちに精神の変性を残す様なものに罹つたもの」との結婚や（杉江［1910］1991:9）、「白痴、痴愚又は聾唖児」の多くの要因とみなされていた「血族結婚」である（杉江［1910］1991：11）。

14　明治民法では女子は一五歳に至らねば結婚できないのにもかかわらず、一四歳未満が存在する。高橋義雄は『日本人種改良論』（一八八四（明治一七）年）で「世上ノ論者ニハ此弊ヲ見テ之ヲ憂ヒ政府新ニ結婚条例ヲ設ケ男年二十五女年十八以下ノ婚姻ヲ禁スベシ」と主張しつつ、「百年ノ積習一朝ニシテ改ム可ラズ若シ法ヲ以テ早婚ノ弊ヲ矯メントセバ或ハ私ニ娶嫁シテ公ニ未婚ノ姿ヲ装」、すなわち百年の積習をすぐに改めることは不可能であり、もし法律を改正したとしても、公には未婚を装って私的に嫁を娶ることとなるだろうと述べている（高橋 1884：134）。したがって、「私ニ娶嫁シテ公ニ未婚ノ姿ヲ装」った事例とする解釈の可能性もあるだろう。また、この調査は楠田病院院長の治療した様々な年齢の患者になされたという共通性しかなく、明治民法の施行前に結婚したと捉えることもできそうだ。なお、明治民法施行前、結婚年齢の私法上の成文規定はなく、ただし刑法（改定律例第二六〇条、明治十五年刑法第三四九条）では一二歳未満の女子との性的関係を禁じていたので、女子の場合これ以上であることが婚姻適齢と考えられる（高柳 1942：46、手塚豊 1977：13）。

15　ただし、『女重宝記』においても、若年でできた子どもは、「病者にて短命」であるため、「嗣《よつぎ》絶へて、先祖の跡ほろぶ」ことになりかねないという危惧を示してもいる。それでも上層社会の人々の性規範と合致する点から早婚を肯定的に捉えたのである（艸田［1692］1993：82-83）。

16　日本における「純潔」という概念の形成を明治期におけるキリスト教の受容との関連から説明する学説は広く流布している（たとえば佐伯 1998）。しかし倉地克直は、一七世紀初頭のドミニコ会の宣教師コリャードが日本の民衆への布教の経験を踏まえ記した『懺悔録』（一六三二（寛永九）年）を史料として、キリスト教の教義とは関係なく、当時の一般的な意識や慣習で、男女双方が未婚者である場合、性的交渉に至る前提として結婚などの約束が求められていたと述べている（倉地 1998：46-47）。

17　ただし、晩婚が奨励されたわけではない。「中等教育＝女子としては高等教育を受け」、「婚期」を過ぎても結婚しない者は、「老嬢（オールド・ミス）」と呼ばれ、バッシングされた（加藤千香子 2006:181）。加藤千香子は、「老嬢（オールド・ミス）」が社会に登場する時期を、一九〇〇（明治三三）年前後の時期だとする。「女性が独身のままでいることは、民族の存続・発展や日本のナショナリティに背馳する行いであり、女性が職業を持ち「独立」を試みようとすること」は、本来果たすべき良妻賢母という本分の放棄であると指弾され、「結婚しない女性は「罪人」扱いされ、男性化した奇矯な女性」という世間の偏見を覚悟しなければならなかった（加藤千香子 2006:199–200）。

第3章

1　精神の働きによって生じる感情の動きは、個人に内的で固有なものだと思われがちである。だが、「感性や情動」という、一見まったく個人的なファクターと思われるものが、実際は人間関係や、集団相互の関係が結ばれるときに強い紐帯として作用するということは、アナール学派の歴史家たちによって研究が重ねられてきたところである（小倉 1997:318）。

2　帝国大学医科大学は、附属の大学病院に精神科を持っていなかったため、巣鴨病院が附属病院の代用とされていた（岡田 1987:185–188）。

3　なお川村邦光は、大正期の『主婦の友』の付録『娘と妻と母の衛生読本』（一九三七（昭和一二）年）が「婦人だけにあるこの子宮は、それが大きな臓器であるにもかゝわらず、しっかりした支えがないのです。（中略）過激な運動をすれば、子宮に障って、すぐ動揺することは、誰方にも肯けますでしょう」と記しており、ここでは子宮がはっきりと「病の器」と位置づけられていると指摘している（川村 1994:97）。大正期の婦人雑誌が、子宮を動きまわる臓器だと言及していることから、この医学的知識の社会的な普及と浸透をうかがうことができよう。

4　漢方文献の発行年は、初版ではなく、矢数の用いた版の年数で示した。

5　加藤朋江は、各学校によって重点を置く箇所が異なっており、月経に関する「心得方指導」や生徒の「取扱」を示したい場合と、「調査」の統計的価値を示したい場合があると述べている（加藤朋江 2002:54）。

6　具体的には以下の道府県である。北海道、京都府、大阪府、兵庫県、神奈川県、群馬県、千葉県、茨城県、奈良県、三重県、静岡県、長野県、青森県、福井県、島根県、山口県、愛媛県、熊本県、宮城県（文部省 1920:3）。

7　『女子体育状況調査』巻頭の凡例は、調査項目（二）については、「服装の制定に関しては過般普七七〇号を以て各地方庁へ通牒を発せし廉もあれは茲に其記述を省略することとせり」と記している（文部省 1920:2）。

8　ただし、四か年の高等女学校も置くとし、また土地の状況によっては三か年とすることもできた（文部省 1972a:476）。

9　日本最古の医学書である丹波康頼の「医心方」（九八四年）は、タンポン式を奨励しており、また「月帯」と呼ばれる月経帯も紹介している（小野 [1992]2000:77–78）。

10　注3で言及した『娘と妻と母の衛生読本』（一九三七（昭和一二）年）で、タンポンという方法に「不衛生な詰物主義」というレッテルを張り、またこの処置方法を、「ある種の階級」つまり芸妓・娼妓や「文化の進んでいない地方」の女性によってなされているとして、侮蔑的に批判していると、川村は指摘する（川村 1994:112–113）。そしてこれを、経済力、学歴、職業、都市（東京）との遠近によって区別された、「中産階級」や「知的階級」といったカテゴリーの中にはいるべき資格を、月経の処置法を介して提示したものと捉える。つまり「生理学的な衛生」に関する知識の有無が、「文明／未開」、「進歩／旧弊」のメルクマールとなっているのだと解釈する（川村 1994:113–114）。ただし、大正期の文部省による「女子体育状況調査」を見る限り、ここではまだ月経の処置法と階級意識の明確な結びつきは見られない。

11　田口亜紗は、「学校看護婦職務規定」に、「月経時ノ注意及処置ノ指導」が盛り込まれたことによって、月経期における「女学生の身体の医療化」がいっそう強化されたと解釈している（田口 2003:62）。

12　女学生の管理に関する条項は、八項目から成り、そのうち学校生活と関わりの強い性行動について述べているのは五項目である。次に引用し示すものとする。「一、小学校ヲ除クノ外可成男女校舎教場等ヲ別ニスルヲ要ス　二、寄宿学校ニアリテハ厳ニ外宿ヲ禁シ其宿泊所ハ自宅近親ノ宅或ハ寄宿舎ニ限ル可シ　三、通学生ニハ通知簿ヲ渡シ置キ缺席遅参ノ節ハ其都度家庭ヨリ其理由ヲ登録シテ学校ニ通知シ又帰宅時間ノ後レタルトキハ其旨学校ヨリ登録シテ家庭ニ通知ス可シ其他品行上ノ事ハ凡ソ互ニ問合ハセヲナス可シ　四、寄宿舎管督ハ勿論教職員ハ可成女子ヲ用ウ可シ男子ニ依頼スルトキハ年長ノ者ニ限ル可シ　五、学校ニテ催ス集会ハ極メテ規律ヲ厳ニシ可成従来ノ習慣ニ従ヒ白昼之ヲ行フ可シ　夜会蹈舞会等ハ今日ノ処先ヅ校員主唱者タルコト勿レ」（永江［1892］1983：20–21）。

13　このため、当時の女学生は、性に関わる知識をほとんど持っていなかった。川村邦光は、女学生が性的に無知であったことを示す事例として、一九二三（大正一二）年に新聞雑誌をにぎわした、大野禧一医学博士による暴行事件を挙げる。これは群馬電力株式会社社長小倉鎮之助の娘哲子を、治療にかこつけて大野が暴行し妊娠させたという事件である。哲子は、自身が暴行されたことを、理解していなかった。また妊娠に気づかなかったというよりも、妊娠がどのようなことかも知らなかった。父の鎮之助が「子どもは如何にして生れるか」と哲子に聞くと、「子どもは天国から来る」という答えが返ってきたという（川村 1994：256–258）。

14　本稿は、文学を「社会的表象」あるいは「社会的想像力」についての証言と捉える、アラン・コルバンの見解に基づいて考察を進める（Corbin, Alain 1991＝1993：351）。この「社会的表象」という概念は、主にフランスの社会学者エミール・デュルケムの集合表象——社会における絆を維持するための概念、諸処の集団の結びつきを保証するためのもの——に依拠するものである（Corbin, Alain 1991＝1993：333–334）。

15　「或る愚しき者の話」は、一八の章から構成されており、第一章では主人公である瀧川の人物紹介がなされ、第二章から郡立高等女学校での新任教師瀧川をめぐる物語が本格的に幕開けとなる。この第二章の書き出しが、引用した職員会議の場面である。月経調査に潜む女性蔑視の念に対する、吉屋の抗議の思いの強さをうかがうことができよう。

16　なお、国家の求める模範像に対する抵抗について考えることは、重要な課題であるものの、本書の主たるテーマに収まりきらないため、他に本章第四節で野溝七生子に言及するにとどまっており、課題として残されている。

17　男性患者と女性患者を足しても、二〇二八人で、榊の言う総数二〇二九人に一人足りないが、原文ママで引用している。

18　本章の「はじめに」で触れたように、加藤千香子は、性差をめぐる科学的言説の近代日本での受容について考察している。一部重複するが、感情に関する性差論の受容について、加藤がどのように解釈しているのか、ここで確認しておきたい。加藤は、富士川游によって一九〇五（明治三八）年に創刊された雑誌『人性』に、欧米から導入された科学に基づく性差についての知見が見られ、これは「脳の発達度合いの差に重きをおくとともに、智力＝男子、感情＝女子という二分法を提示」するものだったと述べる（加藤千香子［2009］2014：68-70）。教育学者下田次郎も、西洋の性科学に依拠し、「女子の本分」として智よりも感情が重要であると主張していることから、「良妻賢母主義」を欧米から導入された性差の「科学」を論拠とすることで新たに生み出されたものだと解釈している（加藤千香子［2009］2014：70-73）。一九一〇年代に、女性解放論が台頭すると、これを牽制する目的で生殖器に特化して性差を捉えるという新たな観点が生じ、そうした例の一つとして、『中央公論』に掲載された、富士川游による「医家より見たる婦人問題」（一九一三（大正二）年）を挙げ、「脳の過労が生殖腺の力を減殺」し、女子が「智力」を求めることは、感情の発達を阻害し、生殖にも支障をきたすと記していることを指摘する（加藤千香子［2009］2014：73-77）。しかし、性差を生殖器に特化させて捉える観点は、一九一〇年代以降に限定されるわけではないことは、ここまでの考察で示したとおりである。

19　女子を「愛情」深い存在とみなすジェンダー規範の西洋からの受容については、前著『〈少女〉像の誕生』（二〇〇七年）を参照されたい。

20　たとえば、わたしたちのよく知るように、夏目漱石による『坊つちやん』（一九〇六（明治三九）年）では、母親に愛想を尽かされ、父親には叱られ、兄とは喧嘩する主人公坊っちゃんを溺愛するのは、乳母役であった「下女」清である。近代日本において、必ずしも母子間の愛情が一般化した感情ではなかったことを、示しているといえよう。

21　ただし、個人的存在としてある種の人格的承認を与えてもらいたいという欲望と、「病弱崇拝」が結びつくこともあるとダイクストラは指摘する。たとえばサラ・ベルナールは、「頭がおかしくなって息を引き取る女性が当時の男性に及ぼした魅惑」をあまりにもよく知っていたので、自分の柩と称したものを巡業に持ち歩き、やや狭苦しいこの折り畳み式簡易寝台で眠る事をも厭わなかったという（Dijkstra 1986=1994:93-94）。

22　シラーが記した「美的教育」は、次のような理論である（Schiller［1795］1943=1982）。現代社会（一七九五年当時）の様相は、野生化した利己主義と暴力の原始国家に逆戻りしている。野蛮で非教養的な国家から、教養ある高尚な性格が生じるはずはない。現代の社会を粗野と弛緩という堕落から救うのは芸術の美である。人間には理性的な「形式衝動」と感性的な「素材衝動」がある。そうした対立的な衝動は、美を享受することによって得ることのできる「遊戯衝動」によって統一することができる。「美的人間」とは人間の内にある二元的対立が美によって第三の全く新しい調和の状態へと高められた存在であり、美との触れ合いの中で自己形成をめざす「美的教育」の目標とされる（藤江 1984:204; 浜田 1982:27-35）。ただしシラーの呼ぶ「美的人間」とは男性主体であり、女性には男性の対立的な衝動を統一する契機としての「美」という位相が与えられているに過ぎない。シラーによる「人間の美的教育」は全部で二七信の書簡から成る。その結論部である二七信では、男性による女性への求愛行動が、精神の「形式衝動」と肉体の「素材衝動」の対立的衝動を調和する美的体験における「遊戯衝動」と近似のものと位置づけられている（Schiller［1795］1943=1982:243）。すなわち、女性は主体的な意味において「美的人間」なのではなく、男性を「美的人間」へと至らしめる美的存在であることが求められたのである。

23　たとえば、イギリスの思想家ジョン・ラスキン（一八一九―一九〇〇年）は、市場社会で夫の魂に生じる避けがたい荒廃を元通りにするのが、家庭における妻の役割だとみなしていた（Dijkstra 1986=1994:40）。ラスキンは、『ごまとゆり』（一八六五年）で、「男性の力は、行動的、前進的、防御的」だと記す。一方、「女性の才能」は「慎ましい奉仕」のためにあり、「女性の仕事」は家を、「一家の守護神によって守られた、神聖な場所、ウエスタ［ローマ神話における炉と炉火の女神」の祭壇、炉辺の聖堂」に変えることだと捉えていた（Dijkstra 1986=1994:40）。このラスキンの述べる女性性の理想は、近代日本において受容され、当時の高等女学校用修身教科書にも見出すことができる。澤柳政太郎による『女子修身訓』（一九一〇（明治四三））年は、「「婦人の純愛によりて浄められ、その勇気によりて励され、その智慧によりて導かれざりし男子は、未だ会て真の正しき生涯を送りしことあらず」とはラスキンの語なり」と（澤柳 1910:110）、また下田次郎による『新訂　教化女子修身書』（一九一一（明治四四））年は、「ラスキンは、「婦人の愛に浄められ、其の勇に励まされ、其の明に導かれたるため、幸いに一生を過たざりし男子少なからず」といへり」と記している（下田次郎 1911:54）。

24　ジョージ・L・モッセは、国民国家において女性は、美徳を体現した存在すなわち「道徳の守護者」というジェンダー役割を担うことが求められたと述べている（Mosse［1985］1988=1996:28）。

25　なお儒教的女訓を示した『女大学宝箱』（一七一六（享保一）年）においては、身だしなみについて、清潔であることに心掛けることは重要であるにしても、衣裳の色や模様などは目立たないことを望ましいとしていた（無署名（編者不明）［1716］1977:50）。そもそも、儒教女訓では、美人はしばしば国を傾け、社会秩序を乱すとして、否定的に捉えられていた。しかし、日本では王朝文化で美人に肯定的な価値を与えており、近世において儒教女訓が浸透しても、美人を「悪き女」として完全否定するに至らなかったと、中野節子は指摘している（中野 1997:132-137）。

26　『〈少女〉像の誕生』（二〇〇七年）は、近代国家形成期である明治期の女子教育における「美育」の展開について、指摘することに主眼を置いている。渡部の研究成果は後続の研究者によって、発展的に論じられている。小出治都子は、日本で発展した「美育」の影響源として、明治三〇年代にドイツで起こった芸術教育運動、レーマン、ヘルバルト、ニーチェ等の思想を指摘している。また、学校への導入だけでなく、児童博覧会や化粧を事例として家庭や社会での展開について言及している（小出 2011a、小出 2011b）。

27　ただし、あらゆる女性教育家が、身体の「美育」を否定したわけではない（渡部 2007:110-112）。本書で既に言及した三輪田眞佐子による『女子教育要言』（一八九七（明治三〇）年）は、「人」には「形体の美」を楽しみ、「容貌の美醜」に価値を置く傾向があるのは免れざる事実だとして、生得的な肉体の美の価値を認め、「美育」の必要性を説いている。そして、体育や礼法等身体に関わる美の養成という後天的な努力による美の養成法を提示している。ただし、生得的な美を絶対視しているわけではなく、精神美（三輪田は「静粛」「端正」「威望」「愛嬌」「純潔」という諸徳を挙げる）が身体美を補完するとする主張しており、男性の唱える美育とは論調が異なっている（三輪田 1897:125-128）。

28　なお、下田歌子が制定した制服を、外観が悪いとして否定的に捉える鉄幹の見解は、彼に特殊なものではないようだ。小山有子は翌年の『婦女新聞』（一九〇五（明治三八）年）で、ちぐさという筆名の人物が「しまりなく下品」「喪服めきて快感与へぬ」ものであり「女子はその天性として美てふ念を離れがたく、また離るべきものにあらざる」と主張していることを明らかにしている（小山有子 2009:74-76）。

29　この受容に際して生じた変容は、日本と西洋の異性愛に関わる文化の相違に根ざしているという解釈の可能性があるだろう。西洋近代の恋愛文化はキリスト教的プラトン主義の伝統の下、エロスとともにアガペーの観念が同時に内包されている。日本ではこのような愛の観念は明治期に至りはじめて受容される。また、西洋において古代から近代に至るまでの間、長い時間をかけて形成された知識を、明治日本は一時に受容したのであり、古典的な知と最新の科学をも同時に受容したことによって、系統を無視した融合が生じたのではないだろうか。

30　ただし、佐々木自身がすでに他の媒体で発表したものを当該書籍としてまとめたという可能性や、鉄幹と佐々木の両者が影響を受けた著作物が存在するという可能性も否定できない。

31　戦前の日本で男女共学の必要性を提唱した論者も居り、なかでも小泉郁子による『男女共学論』（一九三一（昭和六）年）は、それまでの日本において公表された男女共学論の中で最も組織的なものとして評価されている（橋本

1992:226)。ただし、制度としての実現は敗戦後、教育改革を待たねばならず、GHQが日本に男女共学制が必要だと判断するうえでの理論的な根拠となされたのが小泉の研究であったと言われている（橋本 1992:276）。

32　西洋近代の少女小説において、「元気のいい生き生きとした少女」が、しばしば病気や障がいをこうむるのであり、これが治癒するのは「従順」になった時だとされる。つまり病気や障がいは、「おてんば」という「逸脱」行為への「懲罰」を意味し、「規範」的な女性性としての「従順」さを習得することが、贖罪としての意味を持つのである（Keith 2001=2003:47, 100–101, 123）。

33　また、女性にとって「閉塞的な社会状況であったことを考慮するなら、センチメンタリズムの存分なる謳歌は、そのまま人間開放への志向につながる」（上 1976:235）ものだと、上は解釈する。

34　今田絵里香は、戦前の『少女の友』の投稿欄を分析し、一九三〇年代という総力戦へと向かう社会状況において、少女を「清純」とする概念が「センチメンタリズム」に置き換えられたと解釈している（今田 2007:170–172）。「センチメンタル」の意味について、今田は『広辞苑　第五版』（一九九八年）に基づき、「感じやすく、涙もろいさま。感傷的。センチ」であり、さらに「感傷」とは、「感じて心をいためること。感じて悲しむこと。感じやすく、すぐ悲しんだり、さびしくなったりする心の傾向」だと説明している（今田 2007:173）。今田は、総力戦体制下において、既存の「少女らしさ」が時局に相応しくないとバッシングをされるようになった時、それまで肯定的に評価されていた「少女」らしさである「清純主義」が否定的に解釈され、「不健全」「理解力・判断力の欠如」「科学的思考ができない」「逸脱行動に結びつく」ものである「センチメンタリズム」として、徹底的に批判されることになったのだという（今田 2007:170–172）。では「清純主義」とは何なのか。「清らかさ、美しさ、傷つきやすさをひっくるめたもの」であり（今田 2007:159）、「醜悪であるとされる「大人」と対比」されるものだと説明する（今田 2007:181）。しかしながら、本章で明らかになったように、明治期の教育家は、女子は「感情強く」、また「論理的良心に乏しい」ため「科学を好まない」と否定すると同時に（伊賀 1907:263–264, 277）、「神経的であつて、感情の表出が濃か」であることを「女らしい」と肯定するという（下田次郎［1904］1973:453）、両義的な見解を抱いていた。

35　森銑三が、「山梔」（一九二四（大正一三）年）の結末に釈然とせず、野溝に「阿字子はあのまゝ死んでしまふのですか」と聞いたところ、「野溝さんは平然として、死にはしません、こゝにかうして生きてゐます」と答えたという（森 1983:7）。

●参考文献（複数の筆名を持つ著者の場合、知名度の高い筆名を先に示し、当該資料の筆名は括弧内に記した）

阿知波五郎 1967：「日本産児制限史について」『医学史研究』23

Ariès, Philippe［1960］1973：*L'Enfant et la vie familiale sous l'Ancien Règime*, Paris, Éditions du Seuil.（杉山光信、杉山恵美子訳 1980：『〈子供〉の誕生―アンシァン・レジーム期の子供と家族生活』みすず書房）

Badinter, Elisabeth 1980：*L'amour en plus: histoire de l'amour maternel*, XV IIe-XXe siècle, Paris, Flammarion.（鈴木晶訳［1991］1998：『母性という神話』ちくま学芸文庫）

Bälz, Erwin von（ドクトル、ベルツ）1884：「児童生年ヨリ学齢ニ至ル体育如何」『大日本教育会雑誌』９（復刻 1974、宣文堂書店出版部）

Bälz, Erwin von（イーベルツ）1902：「日本に於ける婦人教育」『婦人衛生雑誌』１５０（復刻 1991、大空社）

Banks, Joseph Ambrose and Olive Banks 1964：*Feminism and Family Planning in Victorian England*, New York, Schocken Books.（河村貞枝訳 1980：『ヴィクトリア時代の女性たち―フェミニズムと家族計画』創文社）

Bekker, Immanuelis ed. 1831：*Aristoteles graece*, Berlin, Reimer.（出隆監修、山本光雄編、島崎三郎訳 1969a：「動物発生論」『アリストテレス全集』９、岩波書店）

Corbin, Alain 1991：*Le temps, le désir et l'horreur: essais sur le dix-neuvième siècle*, Paris, Aubier.（小倉孝誠、野村正人、小倉和子訳 1993：『時間・欲望・恐怖―歴史学と感覚の人類学』藤原書店）

Corbin, Alain 1992："Le vertige des foisonnements"：esquisse panoramique d'une histoire sans nom, *Revue d'histoire moderne et contemporaine*, janvier-mars.（小倉孝誠訳 1997：「感性の歴史の系譜」『感性の歴史』所収）

Daly, Mary 1968: *The Church and the Second Sex*, New York, Harper & Row（岩田澄江訳 1981:『教会と第二の性』未來社）

Darwin, Charles 1871a: *The Descent of Man and Selection in Relation to Sex*, London, John Murray.（長谷川眞理子訳 1999:『人間の進化と性淘汰』1、文一総合出版）

Darwin, Charles 1871b: *The Descent of Man and Selection in Relation to Sex*, London, John Murray.（長谷川眞理子訳 2000:『人間の進化と性淘汰』2、文一総合出版）

Dijkstra, Bram 1986: *Idols of Perversity: Fantasies of Feminine Evil in Fin-de-Siècle Culture*, New York and Oxford, Oxford University Press.（富士川義之他訳 1994:『倒錯の偶像―世紀末幻想としての女性悪』パピルス）

Ehrenreich, Barbara and Deirdre English［1973］2011: *Complaints and Disorders: The Sexual Politics of Sickness*, New York, The Feminist Press.（長瀬久子訳 2015:「女のやまい―性の政治学と病気」『魔女・産婆・看護婦―女性医療家の歴史』（増補改訂版）、法政大学出版局）

Eisler, Riane Tennenhaus［1987］1988: *The Chalice and The Blade: Our History, Our Future*, New York, Harper & Row.（野島秀勝訳 1991:『聖杯と剣―われらの歴史、われらの未来』法政大学出版局）

Eisler, Riane Tennenhaus 1995: *Sacred Pleasure: Sex, Myth, and the Politics of the Body*, San Francisco, HarperSan-Francisco.（浅野敏夫訳 1998:『聖なる快楽―性、神話、身体の政治』法政大学出版局）

Elshtain, Jean Bethke 1987: *Women and War*, New York, Basic Books.（小林史子、廣川紀子訳 1994:『女性と戦争』法政大学出版局）

藤江充 1984:「美的人間学の成立」山本正男監修 久保尋二編『美術教育学研究』1、玉川大学出版部

藤波芙蓉［1916］1919:『美粧』東京社

深谷昌司［1966］1998:『良妻賢母主義の教育』黎明書房

蕗谷虹児 1925:『私の詩画集』交蘭社

ふわ君 1908:「月経時の摂生」『婦人衛生雑誌』219(復刻 1991、大空社)
ふわ生 1909:「婦人の健康」『婦人衛生雑誌』230(復刻 1991、大空社)
浜田正秀 1982:「訳者解説」(Schiller［1795］1943=1982 所収)
橋本紀子 1992:『男女共学制の史的研究』大月書店
Hofstadter, Richard［1944］1955: *Social Darwinism in American Thought*, Boston, Beacon Press.(後藤昭次訳 1973:『アメリカの社会進化思想』研究社出版)
本田和子［1982］1992:『異文化としての子ども』ちくま学芸文庫
穂積陳重 1888:「女学生ノ心得」辻岡文助編『高名大家女子教育纂論』辻岡文助(金松堂発売)(復刻 中嶌邦監修 1983:『近代日本女子教育文献集』1、日本図書センター)
Hunt, Lynn ed. 1989: *The New Cultural History*, Berkeley, University of California Press.(筒井清忠訳 1993:『文化の新しい歴史学』岩波書店)
市嶋謙吉 1924:「明治文化発祥の回顧─滑稽のかずかず」大日本文明協会『明治文化発祥記念誌』大日本文明協会
井田竹治 1902:『学生風紀問題　全』井田竹治(弘文館、六合館発売)
伊賀駒吉郎 1907:『女性大観』和泉正太郎(東京堂、宝文館発売)
今田絵里香 2007:『「少女」の社会史』勁草書房
井上円了 1905:『中等女子修身訓』3、学海指針社
井上哲次郎 1889:『内地雑居論』哲学書院
井上哲次郎 1891:『内地雑居続論』哲学書院(再録 吉野作造編 1928:『明治文化全集』6、日本評論社)
井上哲次郎 1902:「女子教育談」『巽軒講話集』初編、博文館
井上哲次郎 1903:「女子自然の任務」『巽軒講話集』第二編、博文館
井上哲次郎 1906:『訂正女子修身教科書』2、金港堂書籍(訂正四版)

石田雄 1954:『明治政治思想史研究』未來社
石川松太郎編 1977:『女大学集』平凡社
岩切信一郎、滝正人編「野溝七生子年譜」（野溝 1983 所収）
泉孝英編 2012:『日本近現代医学人名事典 1868-2011』医学書院
鏑木清方 1961:『こしかたの記』中央公論美術出版
貝原益軒 1710 撰作:「女子を教ゆる法」（再録 石川編 1977）
開国百年記念文化事業会編、柳田國男編 1954:『明治文化史』13、洋々社
亀山美知子 1994:「私立大日本婦人衛生会と『婦人衛生雑誌』について」『『婦人衛生雑誌』解説・総目次・索引』大空社
上笙一郎 1976:「近代日本における〈花物語〉の系譜―女流児童文学の一側面」『日本児童文学の思想』国土社
上笙一郎 1977:「「抒情画」とは何か―〈日本的少女画〉の本質」『月刊絵本』60
上沼八郎、菅原亮芳 1989:『帝国教育「総目次・解説」上』雄松堂出版
唐澤富太郎編著 1984a:『図説教育人物事典―日本教育史のなかの教育者群像』中巻、ぎょうせい
唐澤富太郎編著 1984b:『図説教育人物事典―日本教育史のなかの教育者群像』下巻、ぎょうせい
加藤千香子 2006:「近代日本の「オールド・ミス」」金井淑子編著『ファミリー・トラブル―近代家族／ジェンダーのゆくえ』明石書店
加藤千香子 2007:「『帝国』日本における規範的女性像の形成―同時代の世界との関係から」早川紀代他編:『東アジアの国民国家形成とジェンダー―女性像をめぐって』青木書店（加藤 2014 所収）
加藤千香子 2009:「性差はどう語られてきたか―世紀転換期の日本社会を中心に」宮崎かすみ編著『差異を生きる―アイデンティティの境界を問いなおす』明石書店（加藤 2014:「性差の科学と良妻賢母主義」と改題のうえ所収）
加藤千香子 2014:『近代日本の国民統合とジェンダー』日本経済評論社

加藤弘之 1893:『強者の権利の競争』哲学書院（再録 田畑忍編 1942:『明治文化叢書』4、日本評論社）
加藤弘之 1886:「日本人種改良ノ弁」『東京学士会院雑誌』8（1）（再録 大久保利謙、田畑忍監修、上田勝美、福嶋寛隆、吉田曠二他編 1990:『加藤弘之文書』3、同朋舎出版）
加藤弘之、加藤弘之先生八十歳祝賀会編 1915:『加藤弘之自叙伝―附金婚式記事概略 追遠碑建設始末』加藤弘之先生八十歳祝賀会
加藤まさを 1926:『遠い薔薇』春陽堂
加藤朋江 2000:「「月経」指導と調査の近代」『母子研究』20
川村邦光 1994:『オトメの身体―女の近代とセクシュアリティ』紀伊國屋書店
河野銀子 2014:「高校における文理選択」（河野、藤田編著 2014 所収）
河野銀子、藤田由美子編著 2014:『教育社会とジェンダー』学文社
河島右一 1910a:「月経の話」『婦人衛生雑誌』245（復刻 1991、大空社）
河島右一 1910b:「月経の話（承前）」『婦人衛生雑誌』246（復刻 1991、大空社）
Keith, Lois 2001: *Take Up Thy Bed and Walk: Death, Disability and Cure in Classic Fiction for Girls*, London, The Women's Press.（藤田真利子訳 2003:『クララは歩かなくてはいけないの?―少女小説にみる死と障害と治癒』明石書店）
木村松子 2014:「理系進路選択」（河野、藤田編著 2014 所収）
小出治都子 2011a:「概念と実践からみる近代日本の美育」『Core ethics：コア・エシックス』7
小出治都子 2011b:「高等女学校の美育からみる「少女」と化粧の関係」『Core ethics：コア・エシックス』7
小出治都子 2016:『女子教育における化粧の役割―〈少女〉に求められた化粧の歴史』立命館大学博士論文
小嶋秀夫 1997:「三嶋通良『日本健体小児ノ発育論』武政太郎『日本の子供』解説」上笙一郎編『日本〈子どもの歴史〉叢書』9、久山社

小俣和一郎 2005:『精神医学の歴史』レグルス文庫
厚生省医務局編 1976a:『医制百年史　資料編』ぎょうせい
厚生省医務局編 1976b:『［医制百年史付録］衛生統計からみた医制百年の歩み』ぎょうせい
高等女学校研究会編 1990:『高等女学校の研究―制度的沿革と設立過程』大空社
小山静子 1991:『良妻賢母という規範』勁草書房
小山有子 2009:「和服改良論と「女性美」―明治後期の女性の服装とその規範性をめぐって」荻野美穂編著『〈性〉の分割線―近・現代日本のジェンダーと身体』青弓社
陸羯南（羯南陳人）1894:『日本叢書　外権内侵録　全』日本新聞社（再録 稲生典太郎編 1992:『内地雑居論資料集成』4、原書房）
久米依子 2013:『「少女小説」の生成―ジェンダー・ポリティクスの世紀』青弓社
倉地克直 1998:『性と身体の近世史』東京大学出版会
呉文聡 1905:『人口政策―戦後経営　完』丸善（復刻 2000:『性と生殖の人権問題資料集成』15、不二出版）
艸田寸木子著、長友千代治校註［1692］1993:『女重宝記・男重宝記―元禄若者心得集』社会思想社
京都府立医科大学 1955:『京都府立医科大学八十年史』京都府立医科大学創立八十周年記念事業委員会
Magica Quartet 原作、まんがタイムきらら編 2011:『魔法少女まどか☆マギカ公式ガイドブック― you are not alone.』芳文社
Magica Quartet 原作、虚淵玄シナリオ、ニュータイプ編 2011:『魔法少女まどか☆マギカ The Beginning Story』角川書店
まんがタイムきらら編、Magica Quartet 原作 2014:『劇場版　魔法少女まどか☆マギカ［新編］叛逆の物語　公式ガイドブック　only you.』芳文社
松本清一 1999:『日本女性の月経』フリープレス

松尾典成 1998:「ザクセンにおける日本人」1『岡山大学経済学会雑誌』29(4)
松山誠二 1883a:「衛生モ亦教育家ノ一責任乎」『東洋学芸雑誌』16
松山誠二 1883b:「衛生モ亦教育家ノ一責任乎(前号ノ続既キ)」『東洋学芸雑誌』17
妻鹿淳子 1993:「若者連中と村の娘」『日本史研究』376
右田裕規 2009:『天皇制と進化論』青弓社
三島通良 1891:「女子の健康は国家の健康なり」『婦人衛生会雑誌』22(復刻 1990 大空社)
三島通良 1902:『日本健体小児ノ発育論』大日本図書
三輪田眞佐子 1897:『女子教育要言』国光社
三輪田眞佐子先生五十年祭記念出版会編 1977:『梅花の賦—三輪田眞佐子伝』三輪田眞佐子先生五十年祭記念出版会
三輪田眞佐子 2005:『三輪田眞佐子—教へ草他』日本図書センター
宮台真司、石原英樹、大塚明子［1993］2007:『(増補) サブカルチャー神話解体—少女・音楽・マンガ・性の変容と現在』ちくま文庫
宮本百合子 1914(推定):「現今の少女小説について」(再録 宮本百合子 1986:『宮本百合子全集』30、新日本出版社)
文部省 1900:「女生徒の試験、体操等に関する訓令」(再録 三井為友編、解説、1977:『日本婦人問題資料集成』4、ドメス出版)
文部省編 1920:『女子体育状況調査』文部省
文部省 1971:『日本の教育統計 明治〜昭和』文部省
文部省 1972a:『学制百年史 記述編』帝国地方行政学会
文部省 1972b:『学制百年史 資料編』帝国地方行政学会
文部省監修、日本学校保健会編 1973『学校保健百年史』第一法規出版
森銑三 1983:「「山梔」の一読者として」『野溝七生子作品集・栞』立風書房

Mosse, George Lachmann［1985］1988：*Nationalism and Sexuality: Middle-Class Morality and Sexual Norms in Modern Europe*, Madison, Wisconsin, The University of Wisconsin Press（佐藤卓巳、佐藤八寿子訳 1996：『ナショナリズムとセクシュアリティ―市民道徳とナチズム』柏書房）

馬上孝太郎 1914：『少女の教育』目黒書店（復刻 中嶌邦監修 1984：『近代日本女子教育文献集』12、日本図書センター）

村松泰子、河野銀子 2004：「理科好きな女子・男子を増やすために」村松泰子編『理科離れしているのは誰か―全国中学生調査のジェンダー分析』日本評論社

無署名（編者不明）1716：「女大学宝箱」（再録 石川編 1977）

無署名 1896：「内地雑居に対する教育上の準備」『教育時論』４１８

無署名 1897：「条約実施に対する教育準備」『私立岡山県教育雑誌』22

無署名 1904：「少女の春潮期」『婦人衛生雑誌』１８１（復刻 1991、大空社）

無署名 1905：「質議欄」『婦人衛生雑誌』１８９（復刻 1991、大空社）

無署名 1906：「日本婦人に適当の結婚年齢」『婦人衛生雑誌』１９７（復刻 1991、大空社）

無署名 1911：「中将湯広告」『東京朝日新聞』８８５３（４月２日）

無署名 1918：「「ヒステリー」と云ふ病気」『婦人衛生雑誌』３４３（復刻 1992、大空社）

無署名 不明 a：「下田歌子年表」http://www.jissen.ac.jp/library/shimoda/nenpyo.htm（二〇一六年一〇月二六日最終閲覧）

無署名 不明 b：「下田歌子小伝」https://www.jissen.ac.jp/idea_and_tradition/shimoda_utako/biography/index.html（二〇一六年八月三日最終閲覧）

牟田和恵 1996：『戦略としての家族―近代日本の国民国家形成と女性』新曜社

永江正直 1892：『女子教育論　全』博文館（再録 中嶌邦監修 1983：『近代日本女子教育文献集』３、日本図書センター）

内閣府男女共同参画局 2016：『男女共同参画白書　平成28年版』http://www.gender.go.jp/about_danjo/whitepaper/

h28/zentai/index.html（二〇一六年一一月五日最終閲覧）
中川裕美 2013:『少女雑誌に見る「少女」像の変遷—マンガは「少女」をどのように描いたのか』出版メディアパル
中嶌邦監修 1984:『近代日本女子教育文献集 第Ⅱ期 解説』日本図書センター
中嶌邦 1994:「近代日本における婦人衛生の位相—『婦人衛生雑誌』の背景」『婦人衛生雑誌 解説・総目次・索引』大空社
中嶌邦 2002:『成瀬仁蔵』吉川弘文館
中西祐子 2000:「学校の選抜機能とジェンダー—性役割観に基づく進路形成」亀田温子、舘かおる編著『学校をジェンダー・フリーに』明石書店
中野節子 1997:『考える女たち—仮名草子から「女大学」』大空社
成清弘和 2003:『女性と穢れの歴史』塙書房
成瀬仁蔵 1896:『女子教育』青木嵩山堂（再録 成瀬仁蔵著作集委員会編 1974:『成瀬仁蔵著作集』1、日本女子大学）
成瀬仁蔵 1911:『進歩と教育』實業之日本社（再録 成瀬仁蔵著作集委員会編 1976:『成瀬仁蔵著作集』2、日本女子大学）
夏目漱石 1906:「坊っちゃん」（再録 夏目漱石 1994:『漱石全集』2、岩波書店）
夏目漱石 1906:「草枕」（再録 夏目漱石 1994:『漱石全集』3、岩波書店）
夏目漱石 1912-1913:「行人」（再録 夏目漱石 1994:『漱石全集』8、岩波書店）
日本近代文学館編 1977:『日本近代文学大事典』3、講談社
日本聖書協会 1992:『聖書 新共同訳』日本聖書協会
西山良平 1990:「王朝都市と《女性の穢れ》」女性史総合研究会編『日本女性生活史』1、東京大学出版会
野溝七生子 1924:「山梔」（再録 野溝七生子 1983:『野溝七生子作品集』立風書房）
OECD 2015:「教育における男女格差の背景」https://www.oecd.org/pisa/pisaproducts/pisainfocus/PIF-49%20(jpn).

pdf（二〇一六年八月一日最終閲覧）
荻野美穂 2002:『ジェンダー化される身体』勁草書房
大越愛子 1999:「ジェンダー形而上学批判」大越愛子、志水紀代子編『ジェンダー化する哲学―フェミニズムからの認識論批判』昭和堂
小熊英二 1995:『単一民族神話の起源―「日本人」の自画像の系譜』新曜社
小倉孝誠編、リュシアン・フェーブル、ジョルジュ・デュヴィ、アラン・コルバン（大久保康明、小倉孝誠、坂口哲啓訳）1997:『感性の歴史』藤原書店
小倉孝誠 1997:「編者あとがき」（小倉編 1997 所収）
岡田靖雄 1987:「榊俶先生伝」榊俶『榊俶先生顕彰記念誌―東京大学医学部精神医学教室開講百年に因んで』榊俶先生顕彰会
岡田靖雄 1992:「島邨俊一小伝―悲運の精神病学者」『日本医史学雑誌』38（4）
岡田靖雄 2002:『日本精神科医療史』医学書院
大森寿恵子 1986:「解題」宮本百合子『宮本百合子全集』30、新日本出版社
小野清美［1992］2000:『アンネナプキンの社会史』宝島社文庫
大阪国際児童文学館編 1993:『日本児童文学大事典』２
大沢謙二 1890:「婚姻ノ話」『東洋学芸雑誌』１０９
大塚英志［1989］1997:『少女民俗学―世紀末の神話をつむぐ「巫女の末裔」』光文社文庫
大塚憲達［1906］1991:「日本婦人の初経期及月経の経過」『婦人衛生雑誌』２０２（復刻 1990、大空社）
尾崎紅葉 1902:『金色夜叉』続編、春陽堂
Ross, William David ed. 1957: *Aristotelis Politica*, Oxford, Clarendon Press.（出隆監修、山本光雄編訳 1969b:「政治学」『アリストテレス全集』15、岩波書店）

Russett, Cynthia Eagle 1989: *Sexual Science: The Victorian Construction of Womanhood*, Cambridge, Massachusetts, Harvard University Press.（上野直子訳 1994:『女性を捏造した男たち―ヴィクトリア時代の性差の科学』工作舎）
佐伯順子 1998:『「色」と「愛」の比較文化史』岩波書店
榊俶 1888:「子供の精神及び保護法」2『婦人衛生会雑誌』3（復刻 1990、大空社）
榊俶 1896a:「小学及中学年齢に於ける精神病。」『大日本教育会雑誌』174（復刻 1974、宣文堂書店出版部）
榊俶 1896b:「若き婦人の精神病」『婦人衛生雑誌』74（復刻 1990、大空社）
笹原恵 2003:「男の子はいつも優先されている?―学校の「かくれたカリキュラム」」天野正子、木村涼子編『ジェンダーで学ぶ教育』世界思想社
佐々木多聞 1907:『新化粧』日高有倫堂
澤柳政太郎 1910:『女子修身訓』4、同文館
Schiller, Friedrich von [1795] 1943: "*Über die ästhetische Erziehung des Menschen in einer Reihe von Briefen*", *Schillers Werke, 44Bde.*, Weimar, H.Böhlaus.（浜田正秀訳 1982:『美的教育』玉川大学出版局）
柴谷篤弘、長野敬、養老孟司編 1991:『講座進化』2、東京大学出版会
澁谷知美 1999:「「学生風紀問題」報道にみる青少年のセクシュアリティの問題化―明治年間の『教育時論』掲載記事を中心に」『教育社会学研究』65（渋谷 2013 所収）
澁谷知美 2003:『日本の童貞』文春新書
澁谷知美 2013:『立身出世と下半身―男子学生の性的身体の管理の歴史』洛北出版
島村俊一 1891:「精神病の原因並に其予防法に就て」『婦人衛生会雑誌』15（復刻 1990、大空社）
清水穣 2002:『永遠に女性的なる現代美術』淡交社
下田次郎 1903:「女子教育の目的（つゞき）」『婦女新聞』175（復刻 1982、不二出版）
下田次郎 1904:『女子教育』金港堂書籍（再録 下田次郎 1973:『教育の名著』1、玉川大学出版部）

下田次郎 1911:『新訂教科女子修身書』4、開成館
下田歌子 1905:「女子の美育」『女鑑』15(12)(再録 板垣弘子編 1999:『下田歌子著作集』9、実践女子学園)
下田歌子 1906:『女子の衛生 全』冨山房
下出隼吉 1928:「内地雑居論、内地雑居続論解題」吉野作造編集代表『明治文化全集』6、日本評論社
新村出編 2008:『広辞苑 第六版』岩波書店
篠田利英 1895:「女子の高等教育と其の健康と。」『大日本教育雑誌』161(復刻 1974、宣文堂書店出版部)
荘司秋次郎 1916:「衛生思想の特に女子に必要なる理由」『婦人衛生雑誌』319(復刻 1992、大空社)
Shorter, Edward 1975: *The Making of the Modern Family*, New York, Basic Books.(田中俊宏他訳 1987『近代家族の形成』昭和堂)
昭和女子大近代文学研究室編 1956:『近代文学研究叢書』昭和女子大学
Showalter, Elaine 1985: *The Female Malady: Women, Madness, and English Culture, 1830-1980*, New York, Pantheon Books.(山田晴子、薗田美和子訳 1990:『心を病む女たち——狂気と英国文化』朝日出版社)
創立一〇〇周年記念事業一〇〇年史編纂委員会編集 1999:『実践女子学園創立100周年記念写真集』実践女子学園
杉江董 1910:「結婚と精神病」『婦人衛生雑誌』242(復刻 1991、大空社)
杉浦非水 1909:「表紙」『少女世界』博文館
皇晃之 1973:「下田次郎の経歴・思想と『女子教育』」(下田次郎[1904]1973 所収)
鈴木則子 2013:「近代日本コスメトロジーの普及と展開をめぐる一考察——美容家・藤波芙蓉の分析を通じて」『Cosmetology: Annual Report of Cosmetology』21
鈴木則子 2014:「近代日本における化粧研究家の誕生——藤波芙蓉の事跡をめぐって」武田佐知子編『交錯する知——衣装・信仰・女性』思文閣出版
鈴木善次 1983:『日本の優生学——その思想と運動の軌跡』三共出版

鈴木善次 1991:「進化思想と優生学」（柴谷篤弘、長野敬、養老孟司編 1991 所収）
田口亜紗 2003:『生理休暇の誕生』青弓社
高橋一郎他 2005:『ブルマーの社会史―女子体育へのまなざし』青弓社
高橋義雄 1884:『日本人種改良論』石川半次郎
玉木廣治編 1908:『欧米最新美容法　全』東京美容院
高柳眞三 1942:「明治前期における婚姻法の成立」『法律時報』14（1）
瀧澤利行 1993:『近代日本健康思想の成立』大空社
田辺聖子 1999:『ゆめはるか吉屋信子―秋灯机の上の幾山河』上、朝日新聞社
田中ひかる 2006:『月経と犯罪―女性犯罪論の真偽を問う』批評社
田山花袋 1907:「少女病」『太陽』13（6）（再録 吉田精一編 1968:『明治文学全集』67、筑摩書房）
手塚晃、国立教育会館編 1992:『幕末明治海外渡航者総覧』1、柏書房
手塚豊 1977:「明治十年代後半の「結婚条例」考」『法学新報』83（7、8、9）
東京女子高等師範学校附属高等女学校編 1932『創立五十年―東京女子高等師範学校附属高等女学校』東京女子高等師範学校附属高等女学校
富澤洋子 2007:「女性雑誌に見る近代の美容研究家「藤波芙蓉」」『マキエ』27
Trillat, *Étienne, 1986: Histoire de l'hystérie*, Paris, Seghers.（安田一郎、横倉れい訳 1998:『ヒステリーの歴史』青土社）
津村重舎 1993:『漢方の花ひらく―古来の実績に科学の光を』善本社
上田正昭他監修 2001:『日本人名大辞典』講談社
宇野浩二 1918:「悲しき薔薇の歌」『少女の友』實業之日本社、11（7）
鵜浦裕 1988:「進化論と内地雑居論―進化論受容の一側面」『北里大学教養部紀要』22

鵜浦裕 1991：「近代日本における社会ダーウィニズムの受容と展開」（柴谷篤弘、長野敬、養老孟司編 1991 所収）
若桑みどり 2000a：『イメージの歴史』放送大学教育振興会
若桑みどり 2000b：『象徴としての女性像―ジェンダー史から見た家父長制社会における女性表象』筑摩書房
若桑みどり 2001：『皇后の肖像―昭憲皇太后の表象と女性の国民化』筑摩書房
渡辺正雄、尾世蓉子 1968：「明治初期の学術雑誌と進化論」『科学史研究』7（88）
渡辺正雄 1973：「明治初期のダーウィニズム」芳賀徹他編『講座比較文学』5、東京大学出版会
渡部周子 2007：『〈少女〉像の誕生―近代日本における「少女」規範の形成』新泉社
渡部周子 2015：「「かわいい」の生成―一九一〇年代の『少女の友』を中心として」『大阪国際児童文学振興財団研究紀要』28
渡部周子 2015：「明治期女子教育の制度化に際する西洋科学思想の影響に関する研究」『科学研究費助成事業　研究成果報告書』(https://kaken.nii.ac.jp/ja/file/KAKENHI-PROJECT-23710315/23710315seika.pdf)（最終閲覧日二〇一六年一〇月二六日）
矢川澄子 1990：『野溝七生子というひと―散けし団欒』晶文社
矢数道明 1958：「血の道症の意義と漢方療法」『漢方の臨床』5（5）
山田鉄蔵 1899：「神経質の話」『婦人衛生雑誌』113（復刻 1991、大空社）
山口佳紀、神野志隆光校注・訳 1997：『新編日本古典文学全集』1、小学館
矢田部良吉 1889：「女子教育の困難」『東洋学芸雑誌』88
米山珠美 1984：「第十二巻　馬上孝太郎『少女の教育』」（中嶌編 1984 所収）
四方田犬彦 2006：『「かわいい」論』ちくま新書
与謝野鉄幹 1904：「現今の女学生」『女学世界』4（10）
吉田静致 1906：『高等女学校修身教科書』3、宝文館

吉武輝子 1982:『女人 吉屋信子』文藝春秋
吉屋信子 1916-1926:「花物語」(再録 吉屋信子 1975:『吉屋信子全集』1、朝日新聞社)
吉屋信子 1925a:「或る愚かしき者の話」『黒薔薇』1
吉屋信子 1925b:「ご挨拶」『黒薔薇』1
吉屋千代編 1976:「年譜」吉屋信子『吉屋信子全集』12、朝日新聞社

◉著者紹介

渡部周子（わたなべ・しゅうこ）

島根県立大学短期大学部総合文化学科講師。博士（文学）。主な著作に『〈少女〉像の誕生―近代日本における「少女」規範の形成』（新泉社、女性史青山なを賞受賞）、『〈少女小説〉ワンダーランド―明治から平成まで』（共著、菅聡子編、明治書院）がある。

つくられた「少女《しょうじょ》」
――「懲罰《ちょうばつ》」としての病《やまい》と死《し》

2017年3月10日　第1版第1刷発行

著　者　渡部周子
発行者　串崎 浩
発行所　株式会社 日本評論社
〒170-8474 東京都豊島区南大塚3-12-4
電話 03-3987-8621［販売］
-8601［編集］
振替 00100-3-16
印刷所　港北出版印刷株式会社
製本所　株式会社難波製本
装　幀　銀山宏子
検印省略
ISBN978-4-535-58697-0